人力资源效能

穆胜 ◎ 著

HUMAN RESOURCE
EFFICIENCY

图书在版编目（CIP）数据

人力资源效能 / 穆胜著. -- 北京：机械工业出版社，2021.3（2023.5 重印）
ISBN 978-7-111-67724-6

I. ①人… II. ①穆… III. ①人力资源 – 研究 IV. ① F241

中国版本图书馆 CIP 数据核字（2021）第 040664 号

当下，人力资源专业领域正在发生一场变革，这场变革的关键词就是"人力资源效能"（即人效）。无论是增强组织能力，还是提高人力资源职能价值，人效都是绝佳的切入点。

本书共六章，首先介绍人力资源与组织能力的三个基础模型，并明确人效的内涵；其次基于人效的逻辑给出人力资源战略决策的方法，用人力资源战略地图将战略落地，提高人效；最后给出了人效提升的五个空间，帮助读者思考企业人效并将人效提升真正落到实处。

人力资源效能

出版发行：机械工业出版社（北京市西城区百万庄大街 22 号　邮政编码：100037）	
责任编辑：杨振英	责任校对：殷　虹
印　　刷：北京联兴盛业印刷股份有限公司	版　　次：2023 年 5 月第 1 版第 5 次印刷
开　　本：170mm×230mm　1/16	印　　张：16
书　　号：ISBN 978-7-111-67724-6	定　　价：79.00 元

客服电话：（010）88361066　68326294

版权所有·侵权必究
封底无防伪标均为盗版

HUMAN
RESOURCE
EFFICIENCY

前　言

人力资源专业的全新世界观

　　人力资源专业的价值毋庸置疑，但互联网时代的人力资源专业应该发生一场变革。

　　我们已经发现，人力资源效能（human resource efficiency，简称"人效"）是这场变革的关键词。

　　这种观察来自两个方面。

　　一方面，企业经营者对于组织能力的强烈热情，转变为对人效的要求。

　　互联网时代是不确定的时代，经营环境的变化往往让人猝不及防。越来越多的企业经营者开始明白，让企业在这个时代屹立不倒的最大依托是组织能力。因为，每一次的变化都是一次残酷的"洗牌"，英雄的领导、有形的资源优势、各类的外部利好、既有的市场地位，这些都不能确保企业战无不胜。在这种乱局之中，唯有组织能力能让企业醒得更快、学得更快、动得更快，能让它们保持更大的胜率。

但企业经营者对于组织能力的关注容易掉入一个陷阱，即组织能力好像一个"筐"，企业任何的成功与失败都可以往里装。这种虚无的归因，并不能帮助企业判断自己的症结所在，找到正确的方向。甚至，这种归因还容易发展成企业经营者的一种"借口"——我的战略没问题，是我的组织能力太弱。

打造组织能力也是 HR 一直主张的自己的价值所在，但他们却没有顺理成章地成为时代的主角。因为，对于企业经营者和业务部门来说，他们既没有看到人力资源实践对组织能力的作用，也没有一个标尺来衡量组织能力。若干尝试量化组织能力的模型，也难逃关于"自说自话"的诟病。

幸运的是，随着研究和实践的深入，笔者几乎可以给出一个定论——人力资源效能是组织能力的最佳代言。正因为企业之间组织能力的不同，才会有相同量级的资源投入带来不同的结果，这种投产比就是效能（efficiency）。如果人力资源是最重要的资源，那么人效就是最重要的效能。笔者和穆胜企业管理咨询事务所（简称"穆胜事务所"）的团队有若干跨行业的数据研究结果，足以证明人效对于经营（盈利性、市值等）的超强正面作用。更不用说，我们还发现了任正非、张瑞敏、王兴等顶级企业家都对人效无比地执着。

从另一个角度看，关注人效的逻辑也很好理解。经营收益 = 规模 × 效能⊖。规模（scale）主要来自外部红利，是相对不可控的；而效能来

⊖ 即效率。

自内部红利，是相对可控的。当经济增速放缓、国际贸易摩擦、新冠疫情等环境因素消解掉了外部红利后，企业经营者再也无法按照过去的模式，追求"抢滩式"的粗放发展。此时，他们可能需要"向内看"，通过增加效能来获得经营收益。一个企业的所有资源都是以"人"为中心来运转的，一切的收入、成本、费用都是围绕"人"来发生的。所以，要提升企业的整体效能，最关键的是提升人力资源效能。

关注人效不是要让企业走向"降本"，而是要让企业走向"增效"。企业说到底就是"人"的集合，经营企业不就是需要释放和激发"人"的潜能吗？当企业中个体的潜能变成了业绩，人效的上扬不就顺理成章了吗？

被无数企业家尊重、推崇人本管理的德鲁克，在其1973年出版的那本著名的《管理：使命、责任、实践》⊖中提出，"效能"是将产出与投入（精力、时间或相关资源）相关联。他认为，"效能"与"正确地做事"（doing things right）有关，涉及对所有活动领域的投入，这也为后来的人力资源效能研究开启了序章。有意思的是，时至今日，我们依然在沿着德鲁克的指引探索经营和管理的本质。

另一方面，HR和利益相关者的自我救赎需要，指向了对于人效的要求。

尽管我们不愿承认，但HR专业的确正在沉沦。以2013年为分界线，企业经营者对HR一把手的态度呈现了冰火两重天，由过去的信任变成了不满。在过去的工业经济时代，人力资源专业只要提供秩

⊖ 已由机械工业出版社出版。

序即可；而在现在的互联网时代，人力资源专业必须能够跟得上企业经营者的若干"奇思妙想"，必须能够推动经营。这种超高的要求显然挑战了人力资源专业的储备，越来越多的企业经营者在对 HR 寄予厚望后，又失望地离开。

在有一定功利主义倾向的商业环境里，国内 HR 的生存环境尤其严苛。欧美有近百年管理科学的沉淀，每个专业领域都有大量最佳实践形成的壁垒，企业经营者也接受过大量的商科教育，对于人力资源管理能够产生的作用有足够的认知。即使他们认知不足，周边环境（如成熟的咨询机构、学术界）也会帮助他们弥补。但在国内，有些企业习惯了"走捷径"，它们重视销售，重视市场，甚至重视研发……但对于人力资源管理的重视相对不足。

于是，HR 迫切需要证明这个专业的价值。他们首先拥抱的是"数据化"，这可能和互联网时代来临带来的大数据趋势有关。2013 年左右，国内 HR 频繁提及"大数据人力资源管理"，尽管他们中的大多数人实际上误会了"大数据"[○]，但客观上却推动了一种人力资源专业的新趋势。这种趋势没有错，因为在商业领域，不能被数据化的专业都不够专业。只有走入数据化的模式，玄学才变成科学，人力资源专业才能从定性走向定量。

○ 简言之，大数据是指在线热数据，但 HR 处理的更多的是报表冷数据，而且"大数据"所指的数据量要大到以"太字节"（TB）为单位。1TB=1024GB。一个万人的企业，即使把各类传统数据完全纳入，也顶多只能以"吉字节"（GB）为单位，离"太字节"的体量还是相差甚远。其实，HR 当时提及的实际应该是"数据化人力资源管理"，而非"大数据人力资源管理"。

遗憾的是，大量 HR 实践者、咨询机构和学者推动数据化的动机，更多是守护自己的专业尊严。于是，他们开发了林林总总的工具，有的工具甚至比财务报表还复杂，他们力图建立一套自己的话语体系，证明人力资源专业产生的价值。但是，海量的人力资源数据既不能反映宏观的经营走向，也不能辅佐企业经营者和业务部门的具体决策，这些工具自然难以带来价值，也让企业经营者和业务部门对人力资源专业产生了更大的怀疑。这是一种"闭关锁国式"的自救，绝非人力资源专业的正途。

我们应该认识到，不能影响财务三表（资产负债表、利润表、现金流量表）的人力资源数据，企业经营者不会重视。与财务三表直接相关的人力资源数据，正是人效。反过来说，如果 HR 找到了能够驱动经营的人效数据，极具生意头脑的企业经营者不可能视而不见。此时，企业经营者一定会要求人力资源部门拿出影响这类指标的方案。

我们必须打通一条从人力资源动作到人效结果的逻辑链条，而且，最好还能将这种影响数据化。面对各类分散的人力资源实践，我们必须以"合力"的形式来评估，并将其转化为对人效的整体影响。如此一来，企业经营者异常重视的人效才能"带活"其他人力资源数据，我们才能让专业从定性走向定量，建立起真正的专业壁垒。

事实上，无论是打造组织能力之需，还是顺应数据化专业之势，都要求我们瞄准人效。

在这个时代，无论怎样强调人力资源效能都不过分。人力资源效能不仅仅是一个或几个指标，还是组织能力的最佳代言，也是人力资源专业推动经营的支点。

笔者深信，时至今日，HR需要的已经不仅仅是一两个创新工具，更是一套全新的"人力资源专业世界观"。这里借用了游戏行业的一种说法。制作一款游戏，需要各大专业职能的配合，如视觉、声音、数值设计等，但最能决定一款游戏品质的是底层"世界观"的设计。有观点认为，世界观设计的是游戏的底层逻辑，最大程度决定了玩家的体验。这里，我们所谓的"世界观"，是看待人力资源专业的底层逻辑。

现在的人力资源专业已经大不一样了。

站在HR的角度看待人力资源专业应该如何改革，只会画地为牢。就好比，一个人的力气再大，也不可能把自己举起来。要想有所突破，HR首先要忘记自己是一个HR，他必须将视野拉高到经营的层面，从传统的"人力资源管理"走向"人力资源经营"。

站在企业经营者的角度对人力资源专业提出天马行空的要求，只会越帮越忙。这好比，国际足联的主席不能上场踢世界杯。要想有所突破，企业经营者必须主动充当人力资源专业的第一责任人，将人力资源专业视为"王牌"而非"后勤"，与HR携手进入"人力资源经营"的节奏。

在这种节奏中，企业经营者和HR才可能开启有意义的对话。当他们的目标都指向经营，他们才会一起聚焦人效。只有在聚焦人效的前提下，他们才会关注驱动人效的数据方法论。只有在一套数据方法论里，HR建立的专业性才会被作为他们第一用户的企业经营者欣赏，

HR才会获得更大的舞台，产出更大的价值。

在本书里，笔者基于上述立意呈现了一个以人效为中心的"人力资源经营世界观"。本书基于人效逻辑开发了制定人力资源战略（HRS）的框架，让人力资源工作从跟随到引领；基于人效生成的机制开发了人力资源战略落地的地图（HRSM），让人力资源工作从分散到聚焦；基于人效数据和人力资源队伍、职能数据的联动关系开发了人力资源效能仪表盘（HED），让人力资源工作从定性到定量。需要强调的是，这些原创的工具模型都经过了笔者与穆胜事务所团队的深度实践，相信能够帮助企业经营者和HR走进不一样的人力资源专业世界，重新认识人力资源工作的价值。

全书分为以下六章。

第一章给出了三个基础模型，分别说明了人力资源专业体系的静态结构、组织能力产生的动态过程、人力资源政策选择的标准。这也是全书展开论述的底层逻辑。

第二章通过严谨循证，详细解释了什么是真正的人力资源效能，论证了人力资源效能的重要性，并给出了找出本企业需要关注的人力资源效能的方法。

第三章提出了人力资源管理应该走向人力资源经营，并基于人力资源效能的逻辑给出了人力资源战略决策的方法。笔者坚持认为，每个企业都应该选择一个人力资源战略，在关键的领域投入资源，形成饱和攻击的效果，追逐特定的"核心人效"指标。

第四章基于人力资源经营价值链，将人力资源战略展开为人力资源战略地图，开始化战略为行动。人力资源专业最终的产出是人效，但人效只是一个结果，干预其产生过程才是关键。HR 必须以选用育留的人力资源职能影响队伍状态，只有高水平的队伍状态才能产生高人效。

第五章基于人力资源战略地图，将地图的内容转化为人力资源效能仪表盘，开始化行动为数据。通过原创指标、基线和规律，本书将人力资源工作量化，找出最能影响人效的关键环节，并严格监控这些工作的落地。这样就建立了一个强大的"数据壁垒"，让人力资源专业变得真正"专业"。

第六章给出了人效提升的五大空间，这也是前几章的理念方法落地的局部应用场景。针对这些场景，本书提供了具体的操作步骤和范例，力图让方法"接地气、能操作"。对于没有做好全面重塑人力资源专业体系准备的企业，HR 依然可以基于这些场景提供专业价值，尝试由小见大地推动经营。当然，这五大空间的挖掘都是在走向"平台化管理"，做到一定程度，企业就转型为"平台型组织"⊖，也只有"平台型组织"才能提供最强大的组织能力，获得最高阶的人效水平。

回溯人力资源专业发展的历史，不难发现其成长一直伴随着质疑。

从 20 世纪 90 年代开始，每 10 年左右就有一个大咖"开炮"，挑战人力资源专业的价值和从业者的专业性。1996 年，《财富》杂志专

⊖ 详见拙著《平台型组织：释放个体与组织的潜能》，于 2020 年由机械工业出版社出版。

栏作者托马斯·斯图尔特⊖（Thomas Stewart）撰文主张"炸掉人力资源部"；2005年，基思·哈蒙兹（Keith H. Hammonds）在《快公司》杂志⊜上发表了《我们为什么恨HR》，将HR形容为"一股黑暗的官僚主义势力"；2014年，全球著名管理咨询大师拉姆·查兰提出"分拆人力资源部门"，再次炮轰人力资源部……但是，人力资源专业并没有因此倒下，反而在质疑中涅槃，每一次的质疑都带来了一次新生。

在互联网时代的不确定性中，组织能力成为解锁竞争的钥匙，人力资源专业的价值创造意义已经无须多言。我们不应再依赖外力来倒逼企业的成长，也大可不必纠结于如何拯救人力资源专业，如果拥有更宏大的"人力资源经营世界观"，我们就应该用人力资源专业去拯救企业。在这场战役里，HR与企业经营者、业务部门不是对手，而是并肩作战的战友。

⊖ 后来担任《哈佛商业评论》主编。
⊜ 美国最具影响力的商业杂志之一。

HUMAN
RESOURCE
EFFICIENCY

目　录

前　言　　人力资源专业的全新世界观

第一章　　人力资源专业：组织能力的发动机　　001

人力资源专业体系 House 模型　　003
组织能力三明治模型　　011
人力资源政策选择 MOS 模型　　019

第二章　　人力资源效能：HR 推动经营的支点　　030

什么是人力资源效能　　032
为何人力资源效能"炙手可热"　　036
人力资源效能的经营意义　　041
人力资源效能的计算逻辑　　049

附录 2A	管理双杀效应真的存在吗：基于两个行业 168 家上市公司的证据	056
	互联网行业	058
	食品行业	060
	结论及启示	063

第三章	人力资源战略：关键领域的饱和攻击	064
	走向人力资源经营	066
	战略性人力资源经营	069
	人力资源战略的三个关键决策	074
	核心人效的基础公式	078
	三种人力资源战略	083
	对业务战略的适配	088
	人力资源战略的静态空间	092
	人力资源战略的动态空间	095

附录 3A	小米：用股权激励绑定行业高手	101

附录 3B	海尔：让人人都是自己的 CEO	106

附录 3C	中海地产：如何成为行业的"黄埔军校"	111

附录 3D	华为：以奋斗者为本的赋能与激励	116

第四章	人力资源战略地图：化战略为行动	123
	老板到底要什么	124
	人力资源经营价值链	132

人力资源效能维度　　　　　　　　　　　　136
人力资源队伍维度　　　　　　　　　　　　140
人力资源职能维度　　　　　　　　　　　　146
进化的方向与关隘　　　　　　　　　　　　152

附录 4A | 某餐饮连锁企业的人力资源战略地图　　　156

第五章 **人力资源效能仪表盘：量化人力资源经营**　　　161

数据化人力资源专业的陷阱　　　　　　　　163
数据化人力资源专业的方向　　　　　　　　170
人力资源效能仪表盘　　　　　　　　　　　179
HR 重塑专业的三大支点　　　　　　　　　186

第六章 **人力资源效能红利：挖掘五大空间**　　　199

精简组织构型冗余　　　　　　　　　　　　201
清理人效异常洼地　　　　　　　　　　　　209
执行低效人员汰换　　　　　　　　　　　　216
调整刚性薪酬结构　　　　　　　　　　　　222
提高人才培养效率　　　　　　　　　　　　227

参考文献　　　　　　　　　　　　　　　　235

HUMAN RESOURCE EFFICIENCY

第一章

人力资源专业：组织能力的发动机

互联网时代，人力资源实践⊖的潮流已经与教科书上的传统经典大不相同。过去的人力资源专业偏重"防守性"，强调以选、用、育、留等常规职能来维护企业秩序；而现在的人力资源专业更具"进攻性"，强调以人力资源效能为支点来推动经营。但这并不意味着人力资源专业的全盘颠覆。这个专业依然有着某些不变的逻辑，这也是我们理解每个时代人力资源实践趋势的基础。

笔者在2015年出版的《人力资源管理新逻辑》一书中，提出了人力资源专业体系House模型（简称"House模型"）、组织能力三明治模型（简称"三明治模型"）和人力资源政策选择MOS模型（简称"MOS模型"），初步构建了一个人力资源理论的逻辑底层。如今看来，这个逻辑底层在具有不确定性的新时代里依然适用。

这几个模型也是"人力资源经营世界观"里最重要的基石（见图1-1），全书将在这些基础上展开叙述。

⊖ 本书采用了相对"人力资源管理"范畴更大的"人力资源专业"和"人力资源实践"概念。其中，"人力资源专业"偏宏观的整体模式；"人力资源实践"偏微观的具体动作，等同于"人力资源工作"。在这类概念之下，笔者定义了两类人力资源实践或专业的方向：工业经济时代的人力资源工作模式是"人力资源管理"，而互联网经济时代的人力资源工作模式是"人力资源经营"。

第一章 人力资源专业：组织能力的发动机

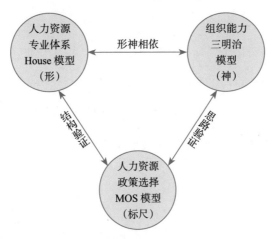

图 1-1 人力资源经营世界观的三大基石

资料来源：穆胜企业管理咨询事务所。

人力资源专业体系 House 模型

人力资源专业是由若干功能构件组成的体系，这一体系能够支撑若干人力资源职能的运行。那么，应该按照何种思路来搭建这一体系呢？我们需要一个人力资源专业体系的基础模型，这是人力资源专业的"外功招式"，也是人力资源专业的"形"。笔者发现，无论人力资源实践（human resource practice，HRP）的趋势如何改变，这个基础模型都是不变的。

一是框架（framework）不变，所有的构件都会存在，如组织结构、岗位系统、选用育留的职能模块等。二是基本逻辑（basic logic）不变，这些逻辑如同数学、物理、化学公式一般始终存在。例如，人才的培养必然或多或少带来员工素质的提升。再如，组织结构中的分工细化必然带来更专业化的运作。基于这种认识，笔者总结出了"人力资源专业体系 House 模型"（见图 1-2），用以说明人力资源专业体系的基本构成和运作原理。这一模型可以作为分析不同企业人力资源实践模式的基础工具。下面，我们将详细进行阐述，在这一过程中，为了方便读者理解，我们也会穿插一个管理小寓言。

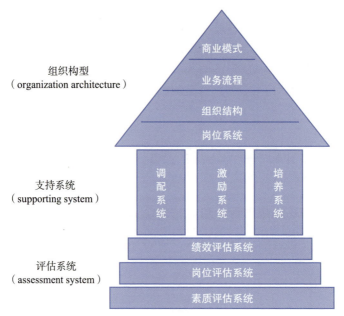

图 1-2　人力资源专业体系 House 模型

资料来源：穆胜企业管理咨询事务所。

1. 四维组织构型

假设有一个企业创始人，他看好了一个项目（目标），同时他拥有几个伙伴（人）能够参与进来，他就会将伙伴组合成为一个"组织"去实现目标。人不同，目标不同，责权分配就不同，这实际上是在人才有限的情况下为达成目标进行最初的排兵布阵。后续，企业的规模会逐渐变大，此时，人会更多，而目标也会更大，但企业依然需要基于人和目标进行责权分配，这是企业在人力资源专业领域需要解决的"第一命题"。

这种排兵布阵就是组织构型（organization architecture）。关于这个概念有诸多解释，有的观点甚至将其等同于"人力资源专业体系的整体设计理念"⊖，但我们采纳约瑟夫（Joseph J.）和奥卡西奥（Ocasio W.）在2012年发表于《战略管理学报》的一篇研究中的定义，即"组织构型是贯穿于整个组织结构中的沟通、交互和权力关系的结构"⊜。进一步看，笔者认为，如果要实现沟通、交互和权力分配，需要从商业模式、业务流程、组织结构和岗位系统这四个从宏观到微观的维度来明确"每个人应该在什么地方发挥什么作用"。

在企业的初生阶段，因为人少，业务从无到有，所以是企业创始人而非HR决定组织构型。事实上，创始人根本没有想过要HR介入这个领域。有意思的是，随着企业规模逐渐变大，即便有了专门的人力资源部，企业经营者也依然没有想过要把这个权限交给HR。

就商业模式来说，这是企业经营者这类生意人的私域，本身就不容HR插手；就业务流程来说，依然是由企业经营者和业务部门来主导的，HR缺少对业务的认知，很难产生有效影响；就组织结构来说，

⊖ 如克里斯蒂安·巴里努（Cristian M. Baleanu）在1997年将组织构型定义为"管理者眼中的组织功能和结构"，原文是"the functioning and structuring of the organization"。

⊜ 原文是"structure of communications, interactions, and authority relationships across the organizational structure"。

由于涉及最敏感的责权分配，企业经营者更不会为 HR 让出空间，况且，极少有企业经营者会认为这是一个人力资源实践领域的专业工作[⊖]；最后，HR 能够直接产生作用的维度就只剩岗位系统，具体来说，就是岗位分工、任职资格设定、编制核定、岗位说明书编制等工作，对于这些工作，企业经营者和业务部门没有太多精力去过问。

2. 三大支持系统

在企业的初生阶段，大家都凭借与创始人的友谊与对公司前景的预期投入工作，倒也各司其职，有条不紊。这个阶段，没有专业的人力资源部，也没有专业的人力资源职能。说通俗点，老板的亲戚可能就是人力资源负责人，有可能还兼任总经办负责人和财务负责人。

但是，随着业务越来越大，人员越来越多，这种组织构型就出现了问题。组织构型开始膨胀，管理幅宽变大，管理层级变多，创始人不再能够监控每一个岗位上员工的工作状态。有的岗位上不一定有最合适的人，这就需要调配系统来招聘、晋升、降职、横向调配、淘汰，把最合适的人配置在最合适的岗位上，让他们"有机会干"；有的人没有足够的意愿完成岗位工作，这就需要设计绩效考核和薪酬制度来进行激励，让他们"有意愿干"；有的人没有足够的能力完成岗位工作，这就需要培训、开发，让他们"有能力干"。

⊖ 在笔者接触的诸多企业中，绝大部分企业经营者都喜欢直接上手调整组织结构，他们倾向于认为组织结构的调整更需要对于商业模式、战略和业务的理解，并不认为这里面有太多人力资源管理的技术含量。当然，OD（组织开发）岗位的出现可能体现了一些企业经营者认知的变化，但这种变化并没有成为共识。

这三大支持系统确保人在组织构型中能按照企业经营者预设的方式工作。这个阶段，人力资源专业需要提供的职能越来越多，分工越来越细，越来越需要专业 HR 介入。于是，招聘、薪酬、绩效、培训、企业文化等职能模块都有了专业的 HR 任职者，随着实践的深入，"HR 的专业壁垒"初步建立。

就笔者的观察来看，只要是有过几年从业经验、"打过硬仗"的专业 HR，在专业表现上就没有太大问题。每个职能模块的最佳实践就在那里，站在这些宝贵经验之上，加上在实践里形成的"手感"，专业 HR 做的事情，也确实是老板和老板的亲戚做不了的。

但是，这种"专业壁垒"其实并没有那么高，再有经验的专业 HR 也很容易被老板和业务部门诟病：一是这些所谓专业的工作无法支持战略、推动经营；二是他们的专业很容易被"挑出毛病"，稍微思维活络一点儿的老板，都可能质疑所谓专业模块的最佳实践。⊖这两个方面永远是 HR 无法自证清白的"死穴"。

3. 三大评估系统

当专业 HR 开始坐镇各个模块，他们就会发现自己的"专业"还需要几个支撑。调配谁，调配到什么地方？培养谁，培养什么内容？激励谁，按照什么样的规则激励？每当 HR 运用专业，他们都会发现

⊖ 不得不说，企业经营者们的"想当然"大多时候都是错误的。例如，有企业经营者想要把薪酬体系设计得"简单一点儿，让员工能算清楚账"，要求 HR 将岗位工资和绩效工资合为一个单元。他们的出发点是好的，但方法是错的，他们并没有理解薪酬设计的内在机理。**HR** 往往既不能反驳其理念，又不能与其探讨过于细节的具体方法，这就是尴尬所在。

始终有一些尚未明确的标准，导致公说公有理，婆说婆有理，任何人似乎都可以质疑一项人力资源政策（human resource policy）。

所以，企业就有必要明确人创造价值的全过程。于是，HR开始对人（输入）、组织（过程）和目标（输出）进行界定，分别产生了素质（含价值观）评估、岗位评估和绩效评估这三大评估系统，这是人力资源专业体系的基础。

我们可以用三大支持系统与三大评估系统生成一个二维矩阵，笔者将这个模型叫作"人力资源管理九宫格"（见图1-3）。例如，培训内容可能来自三个方面：素质评估确认素质短板，岗位评估确认岗位重点工作内容，绩效评估确认绩效短板。激励也是一个道理，可以基于能力付薪（pay for abilities）、基于岗位付薪（pay for position）、基于绩效付薪（pay for performance）。手握这三大法宝，"HR的专业壁垒"进一步得到了强化，反过来说，大多数HR"不专业"是因为没有三大评估系统的支撑。

支持系统	调配	基于素质匹配	基于岗位履职匹配	基于绩效达标
	激励	基于能力付薪	基于岗位付薪	基于绩效付薪
	培养	基于素质差距	基于履职行为差距	基于绩效差距
		素质（输入）	岗位（过程）	绩效（输出）
		评估系统		

图1-3 人力资源管理九宫格

资料来源：穆胜企业管理咨询事务所。

企业也不是没有尝试过"打地基"，但它们可能没有预料到这个工作如此艰难，于是纷纷浅尝辄止。三大支持系统的建设都是长期工程，而且必然是一个逐渐精确的过程，没有坚定的信念，很难期待结果。

以素质评估系统为例，从初步建立模型到前测（pre-test），再到小规模应用，再到大规模应用……模型在成熟之前被调整几十遍是再正常不过的事情，即使模型成熟了，还得每年进行迭代更新。但在笔者的观察中，大多数企业经营者和业务部门可能没有这样的耐心，他们没有时间参与模型开发的过程，还会在第一时间抱怨"模型不准"。面对这样的环境，HR 很难逆流而上，于是只能放弃，素质评估系统彻底坍塌。有意思的是，人力资源实践走到深处，例如要进行人员汰换了，企业经营者和业务部门又会重新拾起素质评估。此时，他们会在十万火急中匆匆引入外部测评机构的标准化测评来补位（如使用人才测评 SaaS 工具），但无论是哪一个评估系统，都需要根植于企业进行定制开发，否则不过是隔靴搔痒罢了。

现状是，大多数企业唯一运行的评估系统是绩效评估系统。在这类系统中，大多数 HR 并未在指标层面进行引导，而是由业务部门自行决定评估方式。最后的结果是，一个岗位的绩效评估体系中出现了 80% 以上的主观指标，绩效评估基本沦为了"认认真真走过场"。

对于上述诸多问题，我们一定要理解 HR 的难处，面对更需要"灰度"的企业经营者和业务部门，他们的各类评估技术基本没有发挥的空间。这也正是诸多企业在达到一定规模之后就无法继续提升的原因。人力资源实践的根基不稳，人力资源专业就无法成为企业的发动机，"大企业病"自然加速滋生、难以控制，企业发展更多依赖外部环境利好，HR 自然也淡出了舞台的中心。

4. House 的规律与问题

在 House 模型中，组织设计、岗位设计、调配、激励、培养等人力资源职能都能找到相应位置。或者说，传统和创新的人力资源职能都是在 House 的基础上演变出来的。如果组织构型、三大评估系统和三大支持系统建设到位，人力资源专业体系就像一台磨合完毕的机器，能够持续产出高能力、高意愿、有发挥空间的人才。

当然，为了让这种生产更具效率，还需要管理人才供应链。笔者建议在人力资源专业中引入"供应链"这个概念，因为这个概念很好理解，既不让需求堆积等待生产要素（人），也不让生产要素（人）闲置等待需求。放到传统的人力资源管理职能上，这就是要做"人力资源规划"。

不管 HR 把人力资源专业体系描述得多复杂，搭建这个体系实际上就是在修一座房子。房子最开始可能很简陋，但构成元素都要在，通常是缺一不可。随着企业规模越来越大，HR 会出台更多人力资源政策来支持企业的运转，体现为制度、流程、工具等，这些要素就像房子的砖、瓦、梁等。于是，房子的顶层开始变得越来越完整，支持系统的支柱和评估系统的底座也会变得越来越稳固，小房子开始变成大房子。所以，一个世界 500 强企业和一个初创微企相比，人力资源专业体系的成熟程度一定有天壤之别。

现实中，成熟的人力资源专业体系凤毛麟角，大多数企业的 House 存在两大问题。

第一，House 缺"屋顶"，即体系缺乏指向性，人力资源部门沦为纯粹的后勤部门。人力资源工作以岗位系统为起点，以选、用、育、留几大职能形成秩序，并不能向上有效影响组织结构和业务流程，更触达不到商业模式。不少 HR 抱怨："我们身在人力资源的岗位上，怎么可能影响经营？如果我们和老板探讨商业模式，他们听吗？"其实，老板都是实用主义者，他们都是"看菜下饭"的，HR 有多大的实力，他们就和 HR 谈论多少问题。如果一个 HR 能够从人力资源专业的角度谈论经营，让老板获得关于生意的更多有效信息，他们没有理由拒绝。

第二，House 缺"地基"，即体系缺乏专业性。由于缺乏坚实的评估系统，导致工作随意化，没有数据，全凭手感。在欠缺素质、履职行为、绩效数据的前提下，再先进的调配、激励、培养系统也无法施展，甚至会被业务部门和企业经营者认为"不是一门专业"。不少企业里流传这样一种声音："人力资源管理不就是发发钱，调调人，讲讲课，打打小官司的事。"普遍的认知是，在商业领域，任何一门专业应该都是可以数据化的。

总体来看，专业性是指向性的基础，而指向性是专业性的方向，两者都是人力资源专业进化的方向。

组织能力三明治模型

打造 House 只是方法，最终目的在于产出组织能力。组织能力的形成是一个复杂的过程,但这一过程又有清晰的规律。如果明确了这一规律,人力资源专业就能有的放矢地进行干预,起到关键的作用。反之,如果不顾这一规律,埋头打造 House,人力资源专业就极有可能沦为"走过场"。因此,我们还需要一个打造组织能力的思路,这是人力资源专业的"内功心法",也是人力资源专业的"魂"。

1. 概念定义

组织能力是一个虚拟概念,却最能够实实在在地被企业家感知到。笔者接触的企业经营者最喜欢咨询的一个问题就是"如何提高企业的组织能力"。但是,他们大多不能给出组织能力的明确定义,于是,笔者转而问他们"为何会产生这种诉求",得到的答案大多是"我感觉我的员工不像我预期的那样行动"。

什么是组织能力?组织能力最初的定义来自战略管理而非人力资源专业领域的学者。

在新古典经济学的框架里,企业都是同样的黑箱(black box),不存在所谓"能力不同"之说,其最优规模不过是由市场供需力量决定的最佳成本收益点。霍普金斯大学的英籍女学者彭罗斯(Penrose)于 1959 年出版了著名的《企业成长理论》,首次打开黑箱并提出,企业能力不同,能够在不同程度上改变其产品的成本和收益结构。⊖理查德森(Richardson)受彭罗斯的启发,于 1972 年首次正式

⊖ 彭罗斯没有在书中直接使用"能力"这个概念,但其他学者将其描述总结为"能力"。

提出了"组织能力"（organization capabilities）的概念。而后，学者持续跟进这一领域，针对组织能力进行了各种阐释。

关于组织能力的构成，科里斯（Collis，1994）最早提出的三层组织能力观点，成了战略管理学界的普遍共识。第一层是企业开展基本职能活动、维系生存的"基本能力"（ordinary capabilities），即"零阶能力"（zero-level capabilities）；第二层是企业根据市场需求，整合资源，调整业务活动的"动态能力"（dynamic capabilities），即"一阶能力"（first-order dynamic capabilities）；第三层是企业"开发自己潜力的能力"（organizational abilities to deploy the firm's resources and to develop new ones），即"二阶能力"（second-order dynamic capabilities），这种能力主要通过组织学习来实现。当然，也有学者按照资源类型将组织能力分为市场能力和技术能力等。

尽管对于组织能力的定义颇多，但这些战略管理领域的定义对于人力资源专业工作的指导意义相对有限。原因在于，这些定义更关注组织能力的结果（以及对于企业绩效的影响），而非组织能力的形成过程。即使有关于过程的描述，也仅仅是在组织层面给出了一些行动方向，如知识编码、知识积累等。

在人力资源专业领域，我们更需要一种涉及个体层面的定义。更直接点说，我们希望探索如何通过影响个体来形成组织层面的能力。笔者的定义是，组织能力是一种基于人力资源专业体系形成的"组织记忆"，这指引了企业的"群体行为模式"，员工个体很难对抗这种行为模式，会被自然卷入成为其中一分子。从局部上看，组织能力一定能让个体获得足够的激励和赋能，让平凡人干成非凡事。从整体上看，组织能力表现为企业在竞争中的某些专长，决定了企业在外部市场的"可能性"，比如，快速学习知识的能力、快速与外部合作者建立联系的能力。

2. 三大维度

按照笔者的定义，组织能力应该分为几个维度呢？

如果把企业想象成一个装有组织能力的黑箱，任何资源（各类生产要素）从一端投入后都能在另一端获得可预期的产出（见图1-4）。如果产出不可预期，那么必然是组织能力不足。

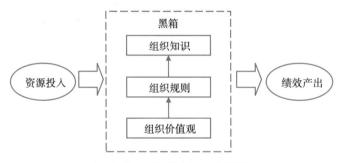

图1-4 组织能力三明治模型

资料来源：穆胜企业管理咨询事务所。

那么，什么样的组织能力维度会影响绩效产出呢？我们可以将黑箱内部概括为一个"三明治模型"，由表及里分解为三大维度。

⊙ 组织知识——企业形成的制度、流程、方法论、使能器、模型、数据、基线（baseline）等，这是企业在实践中累积下来的能够被全员分享的宝贵经验。

- 组织规则——企业形成的认可什么行为、不认可什么行为的规则共识，可以是潜规则，也可以是明规则，关键在于员工是否认可。例如，海底捞的加班文化，某些互联网公司的"996"。
- 组织价值观——企业信仰什么、反对什么的理念共识，从广义上讲，这个层面也包括企业的使命和愿景。例如，华为的"以客户为中心，以奋斗者为本"，海尔的"以用户为是，以自己为非"。

"三明治模型"完整陈述了组织能力形成的过程。三个维度存在递进影响：组织价值观是企业的底层逻辑，决定了员工的基础价值判断；基于组织价值观的实践中，会达成关于行为的共识，具象化为若干的组织规则；而基于规则的共同行动，会沉淀出各类组织知识。

不妨在一个具体的场景中阐述以上过程。

一个企业在初创时，其价值观就是几个创始人关于价值观的共识。而后，随着企业规模扩大，开始招入新人，匹配这种价值观的就能留下，不匹配的则被"排异"掉。所以，有的企业尽管规模变得很大，但再边缘的一个组织成员（非短期存在）身上都有创始人团队的某些价值观属性。⊖这种价值观的优劣，在很大程度上决定了企业未来发展的天花板。

⊖ 正是这个原因，笔者坚持认为，大量企业员工身上的问题，其实就是创始人团队的问题。

当一群人按照统一的价值观开展工作，就会形成若干的规则，包括"明规则"和"潜规则"。这些规则形成了强大的群体压力，会让员工不由自主地按照一定的轨迹行动。如果规则是良性的，会确保员工各司其职，协同共进；反之，如果规则是恶性的，会导致员工推诿扯皮，团队涣散。⊖

组织规则确保员工按照一定的轨迹行动，也决定了组织知识累积的效率。当一个企业给予员工足够的试错空间，有明确的成长机制，有知识分享的传统，它就能很快学习、萌发创新，并将个体的知识很快上传（upload）为组织知识，体现为流程、使能器、模型、基线、规律等。员工在一个组织知识丰富的企业里，会拥有诸多方法论支持，成长特别迅速。企业一旦拥有了某一领域的组织知识，就能确保这一领域的稳定输出，体现在人才上就是良将如潮。反之，如果企业没有上述良性规则，所有的知识会仅仅停留在员工个体层面，很难迭代更新，企业就沦为一个"没有记忆的组织"。直观点儿说，一个领域内犯的错，其他领域还会持续犯。

3. 三明治的规律与问题

打造组织能力的责任毫无疑问应该由人力资源部门承担。从结果来看，组织知识、组织规则和组织价值观都是由"人"来形成并以

⊖ 不少企业认为自己的价值观和规则没有统一，但在大多数情况下，这只是一个回避现状的"完美借口"。一个长期存续的组织肯定有其沉淀下来的价值观和规则，区别不过在于其是良性还是恶性罢了。

"人"为载体的。从过程来看，HR通过打造House，并运行各类职能，就能影响员工个体和团队的状态，从而干预组织能力的形成。当员工按照组织构型的预设角色去行动，且在支持系统的引导下持续一定的时间，员工的行为模式就形成了一定的惯性，即"组织记忆"。于是，组织知识得以沉淀，组织规则得以形成，组织价值观得以达成共识。

需要说明的是，组织能力的形成是一个复杂的过程，需要各类人力资源职能的协同干预，HR应该提供一套整体解决方案。有的模型将组织能力的维度进行简单拆解，让人力资源职能进行简单对应，头疼医头，脚疼医脚，这显然是错误的。笔者的理念是，不基于组织能力产生的过程而提出的模型对于人力资源专业而言没有太大意义，因为人力资源专业根本无法进行定向干预。这种方式不仅无法形成想要的组织能力，还会让HR陷入自以为是的专业深井。互联网时代的HR必须有宏观视野，让专业职能服务于组织能力打造的目的，他们更应该是"组织能力的构架师"。

就当前的情况来看，大多企业在打造组织能力上存在两类问题。

第一，没有积极正面的组织价值观，导致组织规则涣散、负面，自然不能累积组织层面的知识。组织价值观是"种子"，人力资源专业体系（House）只是"放大器"，再高效的人力资源专业体系也不可能为扭曲的价值观护航，更不可能产生强大的组织能力。有的企业引入明星HR负责人，建立标杆人力资源专业体系，力图解决人力资源的问题，但几番折腾，满地鸡毛，无果而终。究其原因，不是HR的问题，也不是人力资源专业体系的问题，而是组织价值观已然破败，从根源上说是企业经营者自己的问题。

第二，人力资源专业体系孱弱或错配，即使组织价值观打下了好的基础，也没有办法转化为组织规则和组织知识。有的企业明明有好的组织价值观，但由于执迷于这种"信仰"的力量，人力资源专业体系没有及时跟进，将这些价值观在制度设计层面进行固化，于是，一小部分本来不是主流的负面价值观开始抬头，并逐渐侵蚀掉原来正面的价值观。这种侵蚀的速度特别快，是一种典型的"囚徒困境博弈"⊖，即由于预料到其他人会破坏秩序，因此所有人都会选择不遵守秩序，组织价值观的底线会被迅速拉低。总之，由于组织里没有规则和知识牵引群体行为，员工会越来越质疑曾经信仰的组织价值观，组织能力也会崩塌。

还有一些企业，其人力资源专业体系背离主流价值观，将企业导向了相反的方向，实际上是生生地造出了一些"不同的声音"。这会让员工陷入纠结，导致组织内四分五裂形成割据势力，为组织能力的形成带来负面影响。如果没有外力干预，组织内的这种对抗会越来越强，因为每一派势力都可以从游戏规则中找到证据来证明自己的"正

⊖ 1950年，美国兰德公司的梅里尔·弗勒德（Merrill Flood）和梅尔文·德雷希尔（Melvin Dresher）提出相关困境的理论，后来顾问艾伯特·塔克（Albert Tucker）以囚徒方式阐述，并将其命名为"囚徒困境"。在两个共谋犯罪的人被关入监狱，不能互相沟通的情况下，如果两个人都不揭发对方，则由于证据不足，每个人都坐牢一年；若一人揭发，而另一人沉默，则揭发者因为立功而立即获释，沉默者因不合作而入狱十年；若互相揭发，则因证据确凿，二者都判刑八年。由于囚徒无法信任对方，因此倾向于互相揭发，而不是同守沉默，最终导致纳什均衡仅落在非合作点上。这是一个典型的博弈模型。

义性"。

为了矫正上述问题，需要将三明治模型作为人力资源专业的底层逻辑来考虑。换言之，不基于这种逻辑来开展人力资源实践必然是没有方向的，所有的工作都只会留下一堆过程或台账，而不是在组织能力上的沉淀。这类脱离基于三明治模型的思考打造的人力资源专业体系，没有灵魂。

人力资源政策选择 MOS 模型

无论是从"修房子（House）"的角度，还是从"打造组织能力"的角度，企业都需要若干人力资源政策，其成果体现为制度、流程、工具等要素。每个企业的情况不同，需要的人力资源政策组合也不同，并没有一种"放之四海而皆准的 House 最佳实践"。

综合来看，企业应该按照市场、组织、人力资源政策系统三类环境的约束，由外而内地选择最契合的人力资源政策组合。实际上，这些环境约束可以被看作在一个区域修建房子要考虑的地形、土壤、风向、温度等条件。在深度观察了数十个企业样本后，笔者在三个维度中填充了不同的子维度，并给出了相应的人力资源政策选择倾向，这一分析框架被称为"人力资源政策选择 MOS 模型"（见图 1-5），即根据环境条件修建 House 的"施工标准"。

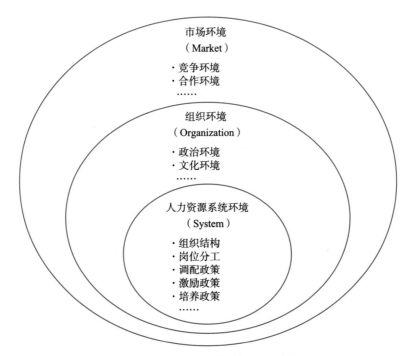

图1-5　人力资源政策选择MOS模型

资料来源：穆胜企业管理咨询事务所。

1. 市场环境

与市场（market）环境契合，即考虑人力资源政策如何为业务战略提供支持。HR面对完全基于外部视角提出的战略，往往需要对其进行二次解读，明确其对于人力资源实践的具体需求。这一过程中，并不存在明确的逻辑，完全依赖于HR对于战略和人力资源实践的感知，而前者更是新要求。

更大的问题在于，大量企业（尤其是国内企业）的业务战略根本就无从参考。有的企业提出的战略根本没有考虑资源和时间的限制，方向明显错误；还有的企业，其业务战略仅仅是一些口号，并没有明确的战略指向；更有一些企业根本就没有提出过任何业务战略。如此一来，HR就陷入了尴尬的局面：想要"抬头看路"支持业务战略，实在无从下手，如果"埋头做事"而不考虑业务战略，又会备受质疑。

理性来看，每个企业面对的核心客群不同，核心资源不同，战略的制定本来就是一个无比复杂的过程，HR不可能跨界去解决这个问题。有时，由于欠缺充分的信息，HR基于常识的推断往往是错误的。

所以，笔者并不提倡HR越俎代庖去充当战略制定者，或者自行判断战略。但是，HR可以基于人力资源专业的若干认知发起问题，推动企业经营者澄清战略思路。例如，人才一般不可能既有高潜力，又能快速上手，那么，企业究竟需要什么样的人才队伍？是满足眼前急需，还是布局长远未来？这种恰到好处的问题，会让企业经营者反向思考企业究竟需要什么样的核心能力，进而思考企业究竟想要做什么样的产品，辐射什么样的客群……用人力这类资源的限制来倒逼企业经营者，实际上是一个很巧妙的方式，HR在这个过程中充当了一种类似"总裁教练"的角色。这个过程不可能一蹴而就，甚至可能相当艰难，却值得HR持续投入。

总结起来，HR应该推动企业经营者澄清如下与战略相关的市场环境。

◎ 产业阶段——企业处于初生期、发展期、成熟期还是衰退期？

- 核心能力——企业究竟在哪个专业上有专长？是营销、生产，还是研发？
- 产品战略——企业究竟是采用低成本战略，还是差异化战略？
- 核心客群——企业究竟主要面对哪类客群？是高支付能力的客群，还是低支付能力的客群？

几类市场环境都会指向一定的人力资源政策方向，HR 应该综合考量这些环境，找到一个政策制定的均衡点。例如，一个电商企业提出了差异化的产品战略，HR 不难推测，在同质性的市场竞争者中，差异化即要创造独特的客户体验，因此，应该提升内部的组织柔性，扩大试错空间。但是，如果行业处于成熟期，各个竞争对手在存量市场里瓜分"蛋糕"，市场格局已经形成，那么此时试错的空间就有限，且丢掉市场份额的风险巨大。另外，如果该企业面对的是高支付能力用户，其对于服务体验异常敏感，且迁移成本极低，试错的风险就会进一步放大。综合起来，内部流程的过分柔性容易形成外部产品在体验上的波动，极易挤走用户，HR 应该放弃这类激进的人力资源政策。

2. 组织环境

与组织（organization）环境契合，即考虑人力资源政策是否能在企业内"落下去"。企业就是一个"小国家"，每样政策（尤其是与人相关的人力资源政策）的下达都会引发支持和反对两种声音。当支持声压过反对声时，政策就有群众基础，就更容易发挥效用，至少能够被"落下去"；反之，当反对声压过支持声时，政策就缺乏群众基础，不管实际上多科学、多有远见，都无法被大众接受。

所以，人力资源政策的制定一定要考虑组织环境，组织环境主要包括以下几类。

- 政治环境（权力分配）——企业内的权力是如何分配的，谁有实权？是什么样的实权？哪些力量是相互制衡的？哪些力量有时是一致对外的？比如，一个立足未稳的空降 CEO 想要撼动企业的组织结构，这就是极其不理智的行为。因为他还没有自己的"子弟兵"，也没有建立威望。

- 经济环境（利益格局）——企业内的利益是如何分配的？总量有多少？分配的模式是强调差异化还是平均化？分配倾向于哪些群体？这种分配形成了一种传统，任何想要打破这种传统的力量都会受到强力反噬。

- 文化环境（文化基因）——企业内公认的价值观是什么？是认可英雄，还是认可体系？是认可效率，还是认可公平？比如，面对高端人才的巨大缺口，显然应该强调外部招聘，但如果在一个强调"圈子文化"的企业，这种引入大量空降兵的做法显然就是不合宜的。又如，在一个习惯了平均主义利益分配的企业强行推行绩效考核也是不明智的。

关于这些环境的影响，我们需要引入一个心理学理论。德裔美国社会心理学家库尔特·勒温（Kurt Lewin）认为，一个人的行为取决于个人和他所处的环境的相互作用。[一]当我们通过人力资源政策改变了组织内的某种环境，如改变权力分配，改变利益格局，改变文化基因，就必然影响员工的心理和行为，形成对政策支持或反对的"势"。[二]例如，一个差异化分配的人力资源新政策，可能会让员工感受到企业有意在组织中引入更多的竞争性。这会导致一部分能力不足的员工产生焦虑，甚至引发对于政策的对抗行为；也会使另一部分能力较强的员工产生期待，使他们积极迎合。

一项人力资源政策最好是契合三类组织环境，获得员工的一致支持。但在实践中，一项人力资源政策面临的环境因素相对复杂，往往既有契合的环境因素，又有不契合的环境因素，既有支持的员工，又有反对的员工。尤其是，越是大幅度的政策调整，越是要破坏当前的稳态，越会引发复杂的"势"。

HR的思路应该是"借力起势"，而不是"逆势而行"，具体应该从两个方面出发。

第一，调整人力资源政策。这是指对人力资源政策进行调整，收起政策与环境"硬碰硬"的部分，放大政策与环境相匹配的部分。例如，一个企业需要调整干部结构，淘汰一些老人，让年轻人尽快上位带来冲劲和创造力，这显然会遭到老人的反对。此时，就要为老人设

[一] 具体的解释是，勒温认为：一个人的行为动机是由其"心理生活空间"决定的，"心理生活空间"是指在某一时刻影响行为的各种事实的总体，既包括人的信念、感情和目的等，即个人内在"心理场"，也包括被感知到的外在环境，即外在"环境场"。

[二] 用勒温的话来说，这就形成了类似物理学中光场、声场、电磁场的"场"(field)。

计合理的退出机制，有企业的观点是"要让'前浪'快乐地躺在沙滩上"。当然也要注意，如果这种调整最终导致了政策的目的不能实现，那么就证明政策无解，应该被放弃。

第二，调整组织环境。HR应该盘点三大组织环境，找出最有利于政策落地的因素进行放大，同时找出不利于政策落地的因素进行限制。例如，一个企业想要调整薪酬固浮比，实施市场化激励，让员工的收入更多来自自己创造的价值。这种调整势必导致员工"苦乐不均"，但该企业过去一直倡导偏向亲和的"家文化"，为此，企业必须提前进行文化重塑，让"家文化"让位于"奋斗者文化"，唯有如此，改革才有进行下去的可能。

3. 人力资源系统环境

这里的人力资源系统（system）并非E-HR的IT系统，而是指各类人力资源政策形成的操作系统，完整表达应该是"人力资源政策系统"。与人力资源系统环境契合，即人力资源政策实践之间要形成合力，而非相互抵消。这里，我们采纳阿肯色大学（UARK）教授、《人力资源管理评论》（*Human Resource Management Review*）主编约翰·德雷（John E.Delery）的主张，将人力资源政策之间的关系分为四种。

⊙ 相加性（additive）——两类人力资源政策之间并无关联，各自发挥各自的作用，即1+1=2。例如，一个晋升政策和一个加薪政策本身就没有关联，前者以职级来激励员工，后者以经济利益来激励员工，两者都是员工所需要的，这种效果是可以接受的。

- 替代性（substitutable）——两类人力资源政策之间重复发力，即 1+1=1。例如，在激励员工的能力提升上，一方面通过职位晋升来体现，另一方面又通过能力工资来体现。这样就形成了"一事二奖"的效果，显然是不合理的。

- 正向协同作用（positive synergistic）——两类人力资源政策相互强化，即 1+1＞2。例如，企业通过一定的激励政策强化了某类员工的积极性，此时如果再跟进相应的赋能政策，就能起到事半功倍的效果，因为受到激励的员工迫切需要提升自己的能力。

- 负向协同作用（negative synergistic）——两类人力资源政策相互抵消，即 1+1＜1。例如，某咨询企业采用了大量招收应届毕业生的招聘模式，其培养系统却并未提供足够的支持，绩效管理上对人均营业收入、回款率、复购率等结果指标给予狂热支持，结果自然是造成员工失去方向感并大量流失。

为便于现实操作，笔者提供了一个对"人力资源政策系统匹配度"(compatibility of HR policies, CHP) 进行测量的简单小工具（见图 1-6）。以穆胜企业管理咨询事务所沉淀的样本来看，CHP 达到 1 分以上的表现已经非常优秀了，而大量的企业得分在 0.5 分以下。

4. MOS 的规律与问题

当前，企业在人力资源政策选择上存在两个问题。一个是，HR

不能理解战略、组织和系统环境；另一个是，人力资源各职能模块背对背作战，陷入了对于专业的执迷中。最终的结果就是，各项人力资源政策以专业的名义与战略、组织和系统脱节。

	政策 A	政策 B	政策 C	政策 D
政策 A	—	A	P	S
政策 B	—	—	N	A
政策 C	—	—	—	P
政策 D	—	—	—	—

图 1-6　人力资源政策系统匹配矩阵

注：1. 矩阵中，A 代表相加性，计 2 分；S 代表替代性，计 1 分；P 代表正向协同作用，计 3 分；N 代表负向协同作用，计 0 分。
　　2. 仅盘点矩阵对称轴一侧即可，CHP= 所有得分加总 / 两两关系的数量，以上图为例，一共有 6 组两两关系。
资料来源：穆胜企业管理咨询事务所。

大多数企业的 HR 选择回避上述两个问题：对于前者避而不谈，对于后者以"专业"对抗一切，完全按照自己的感性理解来制定人力资源政策。其实，HR 可以不考虑 MOS 模型，但不代表 MOS 模型里的环境影响不存在。事实上，在三种环境的约束下，企业在人力资源政策上的选择并没有多大空间，因此企业的人力资源政策应该是精心计算的结果。

HR 回避环境问题造成的结果是，不契合环境的人力资源政策会引发组织内的"逆势"，导致诸多抱怨，人力资源专业逐渐失去了创造价值的空间。笔者在观察多个样本企业后，发现了类似的规律——越是专业的 HR，越容易在一个企业里快速失去企业经营者、业务部门领导和员工的信任；反之，那些有意或无意收起自己专业性的 HR，更容易在一个企业里生存下来。当然，有意收起自己专业性的 HR 是真正的高手，他们在专业性上的暂时妥协，可能是为了更好地获得人力资源政策制定的空间；而本身就没有太多专业性的 HR，他们可能天然对于各类环境更加敏感，最差的结果是"无功也无过"。不少企业在多次寻找外部 HR 高手无果后，找一个内部业务部门负责人来充任人力资源负责人，正是基于这样的诉求。

需要说明的是，不同于 House 模型和三明治模型，MOS 模型并非"主动的工具"，而是需要被选择。企业可以运用它来对自己的人力资源政策选择进行系统检验，以确保这些政策实施的效用性和可能性。我们不能说按照感觉制定人力资源政策一定是错误的，但可以肯定的是，使用模型进行判断是一种更加稳健的做法，尤其对于人力资源体系相对复杂的中大型企业。另外，在制定单项重点人力资源政策时，笔者建议也使用这一模型进行检验。

笔者甚至建议，HR 在进行职业选择时也使用 MOS 模型来进行判断。因为，对于有些企业而言，三类环境形成的约束条件太多，人力资源政策制定的空间有限。换言之，这道题根本就没有解，HR 根本就没有生存的空间。这种企业提供的事业平台，并不是 HR 的好机会，即使再高的薪酬也不是。

2012 年左右，互联网经济起风，各类企业都开始呼唤人力资源专业的创新。但在几年的观察后，笔者发现，互联网时代里 HR 的价值面临严峻挑战，在很大程度上并不是因为没有看清创新的方向，而是在于"底盘不稳"。太多企业的人力资源实践根本没有遵循常识，本身就千疮百孔，哪有资格去谈创新？

但如果我们建立了坚实的"底盘"，即基于 House 模型来明确人力资源专业体系的框架和基本逻辑，基于三明治模型来梳理打造组织能力的方向，基于 MOS 模型来不断检验人力资源政策以强化体系，野心勃勃的 HR 就有了更大的舞台，可以期待创造更大的价值。

在新的舞台上价值创造的空间，可能是传统 HR 根本没有想过的。

HUMAN RESOURCE EFFICIENCY

第 二 章

人力资源效能：HR 推动经营的支点

尽管我们通过 House、三明治与 MOS 三大模型明确了人力资源专业的体系、方向和标准，让 HR 拥有了更大的舞台，但我们依然没有锁定企业经营者关注的焦点。这样的结果是，即使 HR 在体系搭建和组织能力打造上有再多的成就，也容易被误解为自说自话。

实际上，这正是人力资源专业在过去很长一段时间里经历的尴尬。业内有一句玩笑话："衡量一个 HR 负责人的工作究竟是否出色，已经成为一个千古谜题。"道理很简单，因为人力资源工作的交付标准没有统一。以一个在任期内实施了大量招聘的 HR 负责人为例，捧他的说法可以是"为企业未来发展，战略性地储备了人才，确保了人才供应链健康"，而贬他的说法可以是"不顾现状，盲目招人，造成人浮于事，伤害了健康的组织氛围"。于是，这位 HR 负责人真正的工作绩效变成了一出"罗生门"。

幸运的是，这种局面正在改变。在互联网时代，无论是企业经营者、业务部门还是 HR，都越来越将关注点聚焦到人力资源效能上。游戏规则的修改让人力资源专业发生了巨大的变革。在这种变革中，一部分 HR 开始借力人效来影响经营，身价一飞冲天，而另一部分 HR 依然循规蹈矩，逐渐失去了存在感。

什么是人力资源效能

关于人力资源效能是什么，最初并没有明确的定论，以至于出现诸多观点，呈现出一种百花齐放之势。有几种不同的流派的观点都曾经被解读为人力资源效能。

一是人力资源有效性（HR effectiveness），指人力资源实践达成目标的程度。这个概念并不新鲜，在20世纪80年代提出后，学术界在很短的时间内就已经达成了共识。在这个流派中，又有两种不同角度的理解，牵引了人力资源部门不同的工作方向。

一种是从内部用户反馈的角度理解人力资源有效性。说简单点就是，其他部门满意与否，决定了人力资源实践是否有效。从这个角度出发，人力资源部门走向了一个纯粹的服务部门或后勤部门，力图发现业务部门的需求，并迅速解决问题。这个说法也被很多高度重视业务的企业经营者所坚持，"内部用户需求决定了工作方向"，这个说法表面上看似乎是没有任何问题的。

另一种是从人力资源实践产出的角度理解人力资源有效性。对于"产出"，有不同的计量方式，但这些方式都基于传统人力资源专业对于选、用、育留各大职能的分工。例如，招聘要达成多大范围的招募、多高效率的甄选、多少比例的融入期留存等。从这个角度出发，人力资源部门更容易建立自己的专业性，但这种专业性也容易陷入"尴尬"局面，这里的目标始终是"人力资源专业的目标"，与公司的绩效没有直接的关系。大量HR掉入专业深井里，看不到企业层面的需求，与执着于这种专业性不无关系。在这个方向上，诸多学者开发了大量的人力资源有效性测量模型㊀，但遗憾的是，这些模型并没有得到来自企业经营者层面的认可。一个直接的证据是，这些测量结果在企业经营者谈论经营时很少被提及。

二是人力资源绩效（HR performance），指人力资源实践为企业带来的价值。这个概念几乎就是绩效的同义词，道理很简单，任何绩效都是人产生的。当然，这个概念也从人的角度将绩效边界扩展到素质（输入）和行为（过程）的层面。这使得人力资源绩效几乎成了一个"大筐"，几乎可以装得进人力资源专业工作的任何贡献。

在目标的严苛程度上，人力资源绩效相对人力资源有效性是较弱的，这种口径给了HR太多自说自话的空间。一方面，如果把绩效都算作HR在人力资源工作上的贡献，显然有"抢功"之嫌。难怪常有老板和业务部门抱怨："HR往海水里撒了一勺盐，就说是自己把海水弄咸的。"另一方面，如果在人力资源绩效中过分强调在员工"素质提升"和"行为改变"上的产出，也容易让人质疑HR是"自己给自己出考题"。

三是人力资源结果（HR results 或 HR outcome），指人力资源实践为企业及利益相关者（如员工、社区、环境等）带来的全部好处。这是一种将人力资源专业价值进一步"泛化"的观点。人力资源实践的确能够带来诸多好处，不仅惠及企业内的人力资源，也惠及整个企

㊀ 如人力资源会计、人力资源审计、人力资源计分卡、人力资源成熟度模型、萨拉托加模型、各类人力资源指数等。

业生态。但这却让人力资源专业变得宽泛，自然也容易在评价上出现"失焦"。举例来说，一个EAP（员工援助计划）项目关注员工的"工作—生活"平衡，其直接效果是让员工的心理状态更加稳定，这被默认为是有助于企业绩效的。但是，我们很难量化这种影响，于是，只能假设项目产生了人力资源结果。由于边界模糊，这并不是一个专业学者常用的概念。

四是真正的人力资源效能（HR efficiency），指将人力资源专业作为一门生意来计量的投产比，这是笔者一直坚持的定义。具体来说，就是将经营贡献（财务绩效或与之密切相关的市场绩效）与不同层面的人力单位（公司、事业部、部门、团队、个体等）相联系，计算出不同人力的投入是否产出了相应成果。更简单地说，财务或市场结果除以人力单位，就是我们所谓的"人力资源效能指标"。这是一个最具刚性的指标，也最能彰显人力资源专业的价值。

查阅国内学术界、咨询界、实践界的相关论点后不难发现，各界对于人力资源效能的认知经历了从百花齐放到逐渐收敛的过程。其中，人力资源有效性和人力资源效能是最容易混淆的（这两个流派的主要观点，如表2-1所示），国内的文献大多将HR effectiveness翻译为"人力资源效能"，这种误会甚至一直延续到了今天。但从笔者的观察来看，企业经营者对于人力资源效能的认知一直是"投产比"，只不过这种导向被大部分人力资源专业人士（HR从业者、外部咨询、学术界）误会。

表 2-1 人力资源效能相关的两大流派及其定义

分类	角度	提出者	提出时间	定义
人力资源有效性	内部用户反馈的角度	尤里奇（Ulrich）	1989 年	人力资源管理服务对象对人力资源实践的感知
		理查德（Richard）和约翰逊（Johnson）	2004 年	组织对其人力资源管理的满意度
	人力资源实践产出的角度	休斯理德（Huselid）和杰克逊（Jackson）等	1997 年	高质量技术性和战略性人力资源管理活动的交付
		理查德（Richard）和约翰逊（Johnson）	2001 年	（战略人力资源管理有效性是）人力资源实践创造独特人力资本池的程度
		周文成和赵曙明	2004 年	人力资源管理活动的产出
人力资源效能	将人力资源作为生意的角度	达尔（Dahl）	1988 年	将人力资源成本与利润、收入或其他业务指标相关联
		沃克（Walker）和贝谢（Bechet）	1991 年	将取得的成果与具体的人力资源行动相关联，关注指标上的改进增量
		穆胜[①]	2013 年	人力资源的投入产出，反映人力资源系统有效性，也反映组织能力的强弱
		彭剑锋[②]	2013 年	一是人力资源效率，二是人力资源价值创造能力[③]

[①] 详见穆胜于 2013 年在《中国人力资源开发》杂志上发表的《人力资源管理的"云范式"革命》一文。
[②] 详见彭剑锋于 2013 年在《中国人力资源开发》杂志上发表的《人力资源效能：HRM 的下一个转折点？》一文。
[③] 这种定义承认了投产比的口径，也将产出的重心放到了为企业创造价值上，而非停留在完成人力资源工作的目标。
资料来源：穆胜企业管理咨询事务所。

当然，看似的"误会"也可能是人力资源专业人士捍卫自己"安全区"的一种手段。毕竟，如果以这种口径的人力资源效能作为目标，对于人力资源专业可能是一个巨大的挑战。2016 年，笔者在为某大型企业担任人力资源顾问时，曾经尝试让人力资源部门的工作指向这一口径，但部门负责人却疑惑连连——我们除了影响人数和人工成本的投入，还能怎样影响人力资源效能？还有观点认为，人力资源实践是"固本强基"，即使能够影响经营，但总有滞后性，如果以这种口径作为标准来判断这项工作的价值，似乎失之偏颇。但企业经营者似乎并不这样想，在2017年穆胜事务所进行的一项调研⊖中，85%以上的样本企业都将人力资源效能作为了人力资源部门的KPI之一。而根据穆胜事务所发布的《2020中国企业人力资源效能研究报告》⊜，2019年，38%的企业甚至将人力资源效能同时作为了人力资源部门和业务部门的KPI。事实是，在某种环境因素的强力驱动下，大家曾经发散的认知开始走向统一。

事实上，如果仅仅考虑人力资源有效性、人力资源绩效和人力资源结果几类指标，人力资源管理这门专业并不需要进行太多改变，而一旦我们认可了人力资源效能是"投产比"，这门专业就将发生一场革命。

为何人力资源效能"炙手可热"

从2012年年底开始，"人力资源效能"一词突然引起了实践界的高度关注，似乎是时代推动的"热词"。但笔者想要强调的是，人效的"炙手可热"并不仅仅是一股潮流，互联网时代的不确定性只是唤醒了一直存在的真理。

⊖ 调研样本数量约为50个，主要是穆胜事务所的直接客户。
⊜ 2020年11月，穆胜事务所主办了"第一届中国人力资源效能论坛"，论坛上发布了《2020中国企业人力资源效能研究报告》。报告基于428个有效样本，样本企业覆盖了20多个产业、30多个城市和地区。

1. 企业经营者带来的压力

一方面是来自外部的压力，这种压力通过企业经营者传递给了HR。大多数企业经营者都坚信组织能力是企业基业长青的关键，他们未必能说清楚其中的机制，却将其视为"公理"。这导致他们在面对外界压力时，会倒逼组织能力的提升。

2012年正值互联网经济如火如荼的时代，当时的外部经营环境变化无常，企业在一轮又一轮的商业逻辑迭代中，很容易迷失自己，任何一个巨头曾经的成功都可能成为自己进化的牵绊。在这样的环境下，企业经营者的压力可想而知。

此时，企业需要的不是按部就班的秩序，而是一种柔性的（flexible）组织能力，让企业能够快速适应环境变化。于是，企业经营者也转变了对HR的要求，他们不再满足于HR仅仅贡献秩序，而是要求HR带来结果，他们需要看到组织能力的变化。如何量化组织能力？人力资源效能似乎是一个再好不过的选择。组织能力出色，人力资源管理系统自然高效，两者几乎是可以画上等号的。于是，企业经营者拾起了这一概念，不停以人效要求倒逼HR的改变。

前文曾经举过一个黑箱模型的例子，这里用以说明人力资源效能为何能够代表组织能力。如图2-1所示，企业好比一个装有组织能力的黑箱，一边投入资源，另一边产出绩效。由于组织能力很难测量，我们只能通过一个机制来验证。组织能力强，黑箱成为放大器，小资源投入带来大回报；组织能力弱，黑箱成为衰减器，大资源投入带来小回报。所以，资源的投产比正好就说明了企业的组织能力。

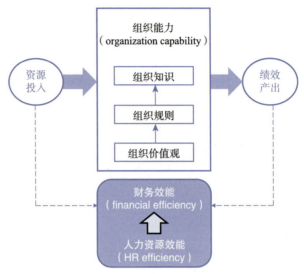

图 2-1　组织能力的三明治模型与人力资源效能

资料来源：穆胜企业管理咨询事务所。

资源的投产比分为财务效能和人力资源效能：前者体现为资产回报率、毛利率、利润率等，而后者体现为人工成本投产比、人工成本报酬率、人均营业收入、人均毛利等。由于人力资源是一切资源流转的中心，是所有营业收入、成本、费用发生的中心，因此人力资源效能在很大程度上决定了财务效能，我们可以将人力资源效能视为组织能力的最佳代言。反过来说，组织能力强大的企业毫无疑问拥有高人力资源效能。

2. 业务部门带来的压力

另一方面是来自内部的压力，这类压力通过业务部门传递到了 HR。

在经营环境变化无常的背景下，组织内部的业务单元也需要适应这些变化。于是，他们开始要求"失控"，他们需要更大的授权下沉、更多的资源配置，以便在前线灵活作战。而且，越是大集团企业，失控起来就越疯狂。因为，前线战火燃起来的时候，所有的管控都有"延误战机"之嫌。

2010年，电子商务企业凡客诚品因为当年度300%的复合增长率，定出了"大跃进"的目标，要求2011年度的增长率达到500%。于是，各个业务单元开始疯狂储备人才。2011年度，储备的各类人才又按照公司的思路疯狂增加商品品类，甚至为了追逐自身的业绩引入了电饭煲、拖把、避孕套等产品，造成了庞大的库存，将凡客拖入险境。在这一轮的疯狂中，HR毫无作为，唯一的成绩就是为凡客招入了这些疯狂的细胞。的确，你可以把这些归咎于老板陈年的冒进，但是，如果此时HR能够为老板踩一脚刹车呢？好吧，你可以说HR在老板面前没有话语权，但是，如果你有了人力资源效能这个沟通工具，是不是会更有说服力呢？

企业经营者对于人力资源部门的要求永远是"管而不死，放而不乱"，但现实的结果往往是"一管就死，一放就乱"，因为HR与业务单元始终存在信息不对称的情况。想极端一点，业务单元可以编造无数个理由来申请编制和人工成本，而按照传统的预算审批逻辑，HR不可能实现对资源的精准配置。如何去解答这道千古难题？人力资源效能就是最佳标尺。这类指标以投产比为口径，基于产出的预期来核定投入，对于人力资源这门"生意"锱铢必较，可以稳健且积极地推动企业的发展。

3. 执着人效的企业与企业家

人效真的如此重要？一些企业家对于人效的执着可能会对我们有所启示。他们并不是因为互联网时代的冲击而开始关注人效，事实上，人效是他们一以贯之的"经营原则"。

在华为飞速狂奔的过程中，任正非一直强调"两流一效"，即高收入流、高现金流、高人效。所以，在某段时间，即使华为的经营数据超过了爱立信，但人效不高，他依然不满。早在1998年正式引入外部咨询启动大规模管理变革时，任正非就在《不做昙花一现的英雄》一文中提出："华为公司的人均效益和西方公司比较至少要低2/3以上……这是由管理无效造成的。我们正引进西方的各种先进管理，就是为了从根本上改变这种状况。"2001年，任正非更在《华为的冬天》一文中断言："不抓人均效益增长，管理就不会进步。因此一个企业最重要、最核心的就是追求长远地、持续地实现人均效益增长。"

几乎与华为在同一时期崛起的海尔对于人效同样执着。2008年，张瑞敏肯定了时任海尔集团副总裁柴永森提出的"以目标定编，以实际定员"。他说："比方说，这个目标定编是多少呢？应该是5个人，然后以实际定员。就是这5个人完成这个目标，这就对了，没有完成这个目标，只完成了50%，对不起，砍掉3个人……"⊖ 而当组织转型为小微生态圈模式后，海尔更进一步以小微⊖为单位，通过自主开

⊖ 详见《幸福只是欲望的暂时停止——张瑞敏在再造一周年总结会上的讲话》。
⊖ micro-enterprise，海尔将企业内因被高度授权而能够自主经营的团队称为"小微"，其最初可能以模拟公司形式存在，运作成熟后会成为正式的公司。

发的顾客价值表和共赢增值表两个工具，同时计量小微的经济损益和战略损益。在继续关注人效的同时，海尔也将人效的产出扩展到"财务损益+战略损益"。

就连高速成长的互联网企业也在死抠人效。"中供铁军"时期，阿里定下了人均销售额100万元的标准，按照25%～30%的净利率，每人每年要为公司赚25万～30万元；到了淘宝时期，阿里又定下了人均交易额1亿元的标准，按照2%的货币化率（take rate），每人每年收入200万元，利润已经超过了"中供铁军"时期；到了支付宝时期，马云进一步要求人均交易额达到5亿元……正是基于每个时期对于人效的"严格要求"，业务部门都不敢加人，因为每加一个人就有可能增加上亿元的交易额指标。

另一个例子是美团。王兴没有直接提及"人效"这个词汇，但对于人效的执着却从未改变。2011年8月，美团网有2500人左右，截至2013年3月，人数是2700人，一年半的时间里居然仅增加了200人。相比起来，同行对于编制数却控制得很松。2011年，窝窝团和拉手网的在职员工数量一度攀升至5000多人。结果，美团赢得了千团局，成了现在的行业霸主。

人力资源效能的经营意义

顶级企业家不约而同地将关注点放到人效上，我们已经不能简单用"经营直觉"来解释了。我们有理由相信，沿着他们的"经营直觉"，可以发现人效对于经营结果的巨大影响。

1. 人效影响市值

不妨选取家电行业进行分析。这个行业已经进入了成熟期，近 6 年来的复合增长率仅为 3%～5%。在这样的市场里，人效的增长不再是惯性，我们也最容易发现人效对于企业发展趋势的影响。对于人效指标，我们选择了人均净利，一是考虑到这种成熟行业适合以净利来计量经营绩效，二是考虑到财报不会精确披露人工成本额度。截至 2020 年 9 月 16 日，在家电行业流通市值排名前 10 的上市公司中，9 家企业在过去 10 年的人效呈上升趋势，仅有市值排名第 10 的兆驰股份的人效处于波动态势，且下降态势也不明显，如图 2-2 所示。市值是二级市场从经营基本面角度而非人效角度给出的判断，但这种判断的结果竟然很大程度上匹配了人效标准，人效的重要性可见一斑。

2. 人效影响财效

除了对于市值的影响，人效对于企业日常的经营也影响巨大。这就不得不提到笔者提出的"管理双杀效应"[⊖]。企业在成长到一定规模后，就会出现这种效应。

[⊖] 笔者在《中欧商业评论》2019 年 2 月刊上发表了《警惕财务与 HR 效能的"双杀效应"》一文，提出了"管理双杀效应"。这一概念借鉴了资本市场上"戴维斯双杀效应"（Davis Double Play）的说法，即上市公司利润下滑，每股盈利（EPS）下滑，会引起市场抛售，导致股价下跌，股价下跌带动市盈率（PE）下跌，又导致股价进一步下跌。换句话说，企业本身盈利性（EPS）的下滑和市场预期（PE）的下跌交织在一起，对于股价形成巨大的下挫影响。

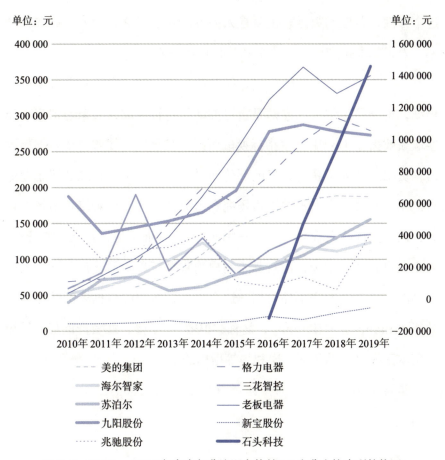

图 2-2 2010～2019 年家电行业流通市值前 10 企业人均净利趋势图

注：1. 家电行业为成熟行业，净利润是其财务北极星指标，所以采用人均净利来衡量其人效。
2. 因市值排名第 6 的石头科技人均净利远高于其他企业，所以单为其建立了一个次坐标轴（右边）。

资料来源：Wind 数据，穆胜企业管理咨询事务所。

——"杀"是员工动不起来，企业被自己耗死。由于企业越来越大，分工极度精细，每个人都变成了企业的零件，为自己的动作负责，而不再为企业的经营结果负责。换言之，企业进入了"吃大锅"的怪圈。

这个方面，典型的数据表征就是人力资源效能下降，如人工成本报酬率、人工成本投产比、人均毛利等指标的下降。

二"杀"是企业创新乏力，被外部环境杀死。由于企业分工极度精细，每个员工的关注点都是自己的动作是否完成，大家习惯用动作换取绩效指标（KPI），用指标换取薪酬。甚至，在绩效考核不够精细时，员工还会为了获得更好的评价而讨好领导，进一步加速了企业的官僚化。此时，大家不关注市场究竟需要什么，即使听见了市场的声音，也会把这些声音当成"屋子里的大象"视而不见，不会有所行动。当企业没有紧盯市场，没有基于用户需求进行创新时，产品就陷入同质品的竞争，自然守不住价格。这个方面，典型的数据表征就是财务效能（financial efficiency，简称"财效"）下降，如资产回报率、投入资本回报率、毛利率、净利率等指标的下降。

这两个方面对企业的负向影响不是孤立的，而是有相互加速的作用。

- 首先，当企业扩大人员规模时，"大企业病"会导致增加的人员不能有效产出，从而人效下降。同时，因为人员增加和分工细化，官僚体系自然被强化。
- 而后，由于人数和人工成本增加了，必然带动其他成本费用增加；与此同时，更庞大的官僚体系导致创新不足，产品因此缺乏竞争力，收入下降。收入降低与成本费用增加叠加到一起，财效自然下降。

⊙ 接着，财效不佳导致企业误以为需要更多的人员投入。即使企业经营者不愿加人，员工也会以"缺人"的理由来要编制。要来的人员被抛到官僚体系里依旧不能有效产出，又导致了人效的进一步下降。同时，官僚体系自然被再次强化。

⊙ 再往后，人效的问题又会反馈到财效上……

如此一来，循环往复，企业跌入深渊。所有的企业都逃不出这个规律！

这一规律在穆胜事务所的实证研究（empirical study）里也得到了证实（参见附录2A"管理双杀效应真的存在吗：基于两个行业168家上市公司的证据"）。笔者选取了食品和互联网两个行业进行研究，前一个行业具有明显的劳动密集型特征，后一个行业则有明显的智力密集型特征。数据证实：一方面，在财效的若干驱动因素中，人效的确是影响最大的；另一方面，在人效的若干驱动因素中，财效的确也是影响最大的。尤其值得一提的是，模型的方程拟合非常出色，驱动因素对于驱动结果的解释力非常强。由此可见，两者的循环影响是成立的，"管理双杀效应"的确存在。

3. 人效影响队伍

其实，在人效和财效交叉影响的背后，还有一种导致企业无法翻身的隐含机理。这种机理是人效对于人才队伍的影响，即低人效会通过压缩薪酬空间的方式导致团队越来越差，这两个方面同样具有相互加速的作用。

- "大企业病"导致人效下降。
- 在企业经营者的逻辑里,每个人没有创造足够的价值,企业经营者自然不肯分利。于是,他们限定了涨薪,甚至收缩薪酬支付空间,且要求业绩回暖。
- 面对业绩压力,部门自然而然会要求增加人员编制和资源。由于薪酬空间限制,只能招入更加平庸的人员,而平庸的人员自然会导致更低的人效。
- 企业经营者继续用自己的逻辑限定涨薪,收缩薪酬支付空间,且变本加厉要求业绩回暖。
- 此时,优秀员工经历折腾后倍感无力,丧失信心,逐渐离开。这群人的KOL(关键意见领袖)属性导致企业在人才市场的口碑急速坠落。于是,企业只能补给平庸的人员。而由于口碑坠落,还必须用高薪将他们招入。
- 但企业经营者看到的是,企业花了大成本招入了所谓的"顶尖人才",他自然对这群人充满期待,但结果可想而知。于是,企业经营者的管理理念崩塌,陷入"黑域"⊖。

⊖ 刘慈欣在科幻小说《三体Ⅲ:死神永生》中提出的概念。黑域是一种"低光速黑洞",在这个范围内,光速无法达到脱离恒星引力的逃逸速度,由于光速不可超越,于是一切物质永远无法逃离。正因如此,黑域里的文明无法威胁到黑域外的文明,黑域外的文明就不会浪费资源攻击它们。这里是指企业经营者人为制造了"解不开的谜题",从而进入了自我封闭。

字节跳动创始人张一鸣在 2016 年的一次演讲中表达的观点很好地印证了上述原理：

"很多公司把人才当成耗损的成本。尤其比较节约的 CEO 会想，我很便宜地招到这个人，挺好的。但其实，如果我们拿美国企业对比，美国的人力成本特别贵，中国的人才去美国之后，待遇会两倍三倍地增加。中国、印度、柬埔寨的人力成本低，但是仍然是美国的企业发展得最好。核心原因是，美国企业通过配置优秀的人才从而获得更好的回报，所以核心关键不是看成本，是看回报和产出……

"公司的核心就是要通过构建好的配置，配置好的生产要素，让公司有最高的 ROI（return on investment，投资回报率），并且给每个人提供好的 ROI，所以公司的核心竞争力是 ROI 的水平而不是成本水平。只要 ROI 好，薪酬越多，说明回报越好，这跟投资一样。所以我们一直跟 HR 部门说，我们希望 pay top of the market（支付市场最高薪酬）。我们主动要求 HR 部门至少每年对市场薪酬做一次定位，保持市场薪酬在业内领先。当然如果人力成本很高，反过来要求公司必须能把这些人配置好，发挥好，这正是一种进取的姿态。"

说到底，好的公司人效高企，员工自然获得高薪酬，从而顶尖人才涌入，企业进入正向循环；差的公司人效低下，员工自然只能获得低薪酬，从而只能聚集平庸人才，企业进入负向循环。

4. 关注人效的原因

无论是顶级企业家的直觉，还是客观的数据，都证明了人效指标的"穿透力"。仔细分析，人效之所以如此重要，大概有以下几个原因。

- 互联网时代，人是资源流转的中心，收入、成本、费用的发生都是由人来发起的。人多了，但没用好，不仅会增加编制和人工成本，而且会减少收入，带来其他成本费用的迅速拉升。
- 人不同于其他生产要素，会产生"传染"的效果。俗话说，三个和尚没水喝。人员的盲目增加不仅仅是人工成本的增加，还容易拖垮组织氛围，带来更大的组织消耗。
- 关注效能不仅是在"防守"，也是在"进攻"。效能代表有质量的增长，即精实增长，其实可以为企业带来更有意义的"战略级市场"，带来更大的持续增量（这是很多人忽略的）。
- 人作为一种投入，在大量的企业里，往往隐藏在财务数据之下，不容易被关注。但两个财务数据相同而人效不同的企业，后劲往往完全不同。
- 人效指标是超前指标，而财务指标是滞后指标。换句话说，由于人这个生产要素的上述特殊性，当期的人效指标可以预言后期的财务指标。

人力资源效能的计算逻辑

在用了大量笔墨描述人效的重要性后，读者也许特别渴望得到一些通用的人效指标，甚至希望基于这些通用指标导出通用的管理模式。但遗憾的是，每个企业情况不同，应该关注的人效指标必然不同。甚至当我们为企业选准了人效指标后，还需要对这个指标进行若干技术处理，才能获得"以人效推动经营"的钥匙。

1. 穆胜人力资源效能矩阵

人效指标范围极广，但都可以通过如下的"穆胜人力资源效能矩阵"（Moo HR efficiency matrix）⊖（见图2-3）来提炼。

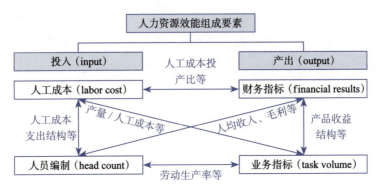

图2-3 穆胜人力资源效能矩阵

资料来源：穆胜企业管理咨询事务所。

⊖ 2018年6月23日，笔者在《中外管理》杂志举办的第12届中外管理人力资本发展论坛上发表了名为"人力资源战略地图：跨越人力资源动作到经营结果的彩虹桥"的主题演讲，正式披露了这一模型。后续，拙著《激发潜能：平台型组织的人力资源顶层设计》《创造高估值：打造价值型互联网商业模式》中对该模型也有阐述。

人力资源的投入主要用人工成本（labor cost）和人员编制（head count）两个口径来衡量，人力资源的产出则主要用业务指标（task volume）和财务指标（financial results）来衡量。由此，按照"产出/投入"的方式，我们可以导出若干人效指标。例如，在财务指标中选择"营业收入"，除以"人工成本"，就得出了"人工成本投产比"这个指标。再如，在财务指标中选择"利润"，除以"人工成本"，就得出了"人工成本报酬率"这个指标。

要 HR 从纷繁复杂的人效指标中选出最适合本企业的指标，还需要强大的"功力"。具体来说，要将企业的"生意逻辑"透过"业务逻辑"分解到"人力单位"。

首先，要理解生意逻辑。企业的生意究竟是基于研发优势、供应链优势、生产优势、市场优势，还是品牌优势？它们面临的市场力量不同，边界也不同，关注的财务指标自然也不一样。在研发、市场、品牌上有优势的企业关注毛利；在供应链和生产上具有优势的企业关键在于上量，它们更关注营业收入或出货量。企业的生意究竟是主打低成本，还是主打差异化？前者是高周转、低毛利，关注周转率；后者是低周转、高毛利，关注毛利率。企业的发展阶段是处于产业的初生期、成长期、成熟期还是衰退期？初生期和成长期关注营业收入，需要扩规模、占地盘；成熟期关注毛利，因为市场格局已经形成，要回归理性；衰退期关注净利润，因为企业已经做好姿态要战略性退出了，必须精打细算。类似的逻辑还有很多，例如，从不同的客群、营销方式来分析企业关注的财务指标。

这里面已经不仅仅是要了解市场营销的问题，还要了解战略管理、生产管理、研发管理、供应链管理……因为，生意是多维的。

其次，要理解业务逻辑。这即是关注企业各大职能如何组合到一起，实现商业结果的问题。企业究竟是基于业务流程的，还是基于职能分工的？前者需要强大的流程管理工具来实现协同，主要关注节点是否按下一环节需要的交付标准完成工作；而后者需要清晰的横向分工和纵向授权来实现协同，主要关注岗位是否按照职责完成工作。有的企业在流程管理的基础上进行内部结算，这就需要细分每个环节的贡献，HR 就要深抠每个环节的成本发生和价值创造；⊖有的企业直接以用户和产品为单位将不同职能并联到一起，这就需要一手进行分配计量（测算每个职能模块的分配比例），一手进行赋能辅导。

最后，要了解人力逻辑。这即是关注基于业务逻辑，如何建设人力资源队伍的问题，笔者称为"人力资源建仓"或"人才建仓"。每个企业都应有大致的建仓思路，都应思考如何打造能有效支撑业务且有持续竞争力的人才仓。这并不是拼绝对投入，而是有点像"田忌赛马"的逻辑。宏观上看，有的企业关注人数，在人工成本上适度放松，力图打造精英团队；有的企业关注人工成本，在人数上适度放松，力图用数量形成优势。微观上看，不同企业基于不同业务有不同的组织结构，天然就决定了人才的分布，再加上企业对于"兵力"的配置，就形成了各类人才仓。

⊖ 依然要强调的是，这种方式存在巨大的结算风险问题，具体来说，流程上下游的环节都是"仅此一家"，价格很难说得清楚。

要提炼出最适合本企业的人效指标，需要同时掌握生意逻辑、业务逻辑和人力逻辑，能同时做到这些的一定是"多面手"。他们一要了解生意，了解生意的价值衡量（考核）；二要了解业务和组织，即至少能说清楚这个业务系统要分几个部门；三要了解人力资源的建队思路，即清楚手中的人才如何部署到每个部门里，不同的人才仓可以发挥怎样的作用。

财务人员靠近市场，在生意逻辑上可能更有优势；HR靠近组织，在人力逻辑上可能更有优势。两者对话的纽带和桥梁就是业务。当我们把"生意"需要关注的"财务指标"下沉到"业务"需要关注的"人力单位"时，一个个人效指标就形成了，而这就是推动经营的钥匙。有的时候，在生意逻辑和业务逻辑上都是通的，但一旦进入效能逻辑就会出现矛盾，即人力单位无法对财务数据负责，那么这个人效指标就不成立。此时，需要倒回去寻找替代的财务指标或人力单位，重新构建人效指标。

2. 宽口径与窄口径人效

当以穆胜人力资源效能矩阵来定制企业的人效指标时，我们就会发现答案是各式各样的。最终，有的企业关注人均产量（劳动生产率），有的企业关注人均营业收入，有的企业关注人工成本投产比，有的企业关注人工成本报酬率……确定了这种人效指标，的确可以让人力资源工作变得更加聚焦，在一定程度上推动经营。例如，锁定人均产量指标的企业，可能会严格控制人数，再去业务流程、组织架构、排班模式上寻找缩编空间，然后从标准化培训、计件制激励上寻找提高生产效率的方法。

但是，如果只是将公司整体财务数据和人力数据做个简单的除法，只能得到这类"宽口径人效"。这种数据具有一定的统计意义，能够引领人力资源工作的大方向，却不够精准，不足以引领人力资源管理的各项具体活动。换句话说，经验老到的 HR 可以凭借手感，从"宽口径人效"出发规划出一套合理的人力资源政策，但换一个 HR 可能就无法重复这个过程。如此一来，人力资源专业依然是一个规律无法量化的尴尬领域。

其实，企业在每个阶段都有重点打造的"核心人才仓"，也有最想驱动的"北极星指标"⊖。前者能够在短期内产生人才涌现的效果，后者能够在短期内产生业绩撬动的效果，两者都具有极其明显的杠杆效应。抓住这两个方面，才可以在有限的投入下，最大限度放大产出。显然，两个方面都有独特的衡量口径，两个数据的叠加就是这个企业需要关注的"窄口径人效"。

举例来说（见图 2-4），某个企业是销售职能驱动的，我们可以建立一个销售额和销售团队之间的人效关系，这是"宽口径人效"。如果考虑到这个企业是用 A 类销售人员打新销售区域，通过卖战略级产品来冲刺业绩目标的，那就应该剔除飞单销售额，剔除成熟销售区域的自然增长销售额，剔除非战略级产品销售额……聚焦销售额

⊖ "北极星指标"是营销和产品专家肖恩·埃利斯提出的概念，代表的是用户对于产品核心价值体验最直接的反馈行为，这里将其扩展为企业最关键的业绩指标。

中的"有效增量"。相对地，在人力或人工成本投入上，我们也应该建立计量标准，例如通过能力和业绩的标准，盘点出 A 类销售人员的范围。将销售额中的"有效增量"和"A 类销售人员的人数"进行叠加，就得出了"A 类销售人员人均驱动有效增量"这个"窄口径人效"。

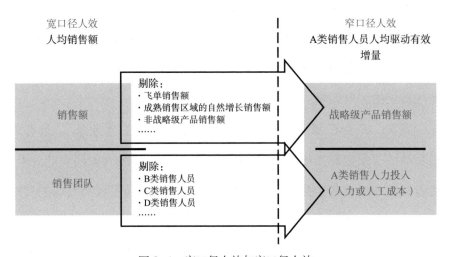

图 2-4　宽口径人效与窄口径人效

资料来源：穆胜企业管理咨询事务所。

试想，如果 HR 能根据这个"窄口径人效"，结合业绩目标，去反推企业在人工成本和人力投入上的理想状态，再定制精准的人力资源政策，人力资源专业的威力将有多大！

例如，HR 可以告诉老板："基于今年的业绩目标，按照我们对于人效标准的预判，我们需要增加 ×× 名 A 类销售人员。这类销售人员可以在 1 个月内从市场上大量获取（招聘），而后经过公司统一的

'入模子'培训（培养），在 3 个月后就能投入战斗，产生每月 ×××元/人的人效（考核）。我们可以在激励上适当放大杠杆率，通过提高提成来激发这群人的热情（薪酬），虽然人工成本有所增加，但 6 个月之后就能在人工成本报酬率上达到 ×××% 的水平，支持完成公司本年的业绩目标。"

只有在这种"窄口径人效"的引领下，人力资源专业才能真正服务于战略，推动经营。其实，有的企业已经开始由财务部门汇报"宽口径人效"，但财务职能对于人员的构成（建仓思路）、不同人员与绩效之间的关系（输出节奏）却没有概念，他们无法给出"窄口径人效"，这种汇报并没有太大意义。

客观来说，"宽口径人效"与整体业绩的联系更加紧密，这是一般企业经营者的视窗，有其存在的必要性。但"窄口径人效"是"宽口径人效"的增长内核，也即所谓的"核心人效"，应该是重视人力资源专业的开明企业经营者和 HR 共同的视窗，更应该被重视。

HUMAN RESOURCE EFFICIENCY

附录 2 A

管理双杀效应真的存在吗：基于两个行业 168 家上市公司的证据

附录2A　管理双杀效应真的存在吗：基于两个行业168家上市公司的证据

现代企业里，似乎存在一个普遍现象：企业的人效低下会导致财效低下，而财效降低会进一步导致人效低下，双向拖低，有可能导致企业轰然倒下。

具体来说，当企业通过增加人力投入来扩大规模时，"大企业病"会导致人员投入像泥牛入海，人效降低；而人员的这种无效增加，会导致各类成本费用上升，也会导致收入下降，财效必然下降；而面对这样的困局，企业又会寄希望于通过人员增加来寻求出路，由于"大企业病"依然存在，人效又会进一步下降……如此一来，循环往复，企业的财效和人效双双降低，企业陷入倾覆风险。笔者将这种现象总结为"管理双杀效应"。

从若干名噪一时而最终沉寂的大企业身上，我们似乎都可以发现类似的规律，如凡客、乐视、OFO等。但个案的说服力有限，为了更加科学地证明管理双杀效应的确存在，我们还需要进行大样本实证研究（empirical study）。

笔者选取了两个行业进行研究：互联网行业作为新兴行业的代表，是典型的智力密集型行业；而食品行业作为传统行业的代表，是典型的劳动密集型行业。如果实证研究得出的模型说明人效和财效正相关，即可证明这两个行业的企业的确存在管理双杀效应，也可据此初步推断管理双杀效应是跨行业存在的普遍规律。

为了保证数据的真实性和公允性，我们利用 Wind 数据库获得代表性企业的数据，并剔除了异常值[1]和缺失值[2]，借用 EViews 10 统计软件，采用计量上最常用的多元线性回归方法进行实证研究。

互联网行业

笔者搜集了 257 家互联网行业的上市公司，在剔除异常值和缺失值之后，最终确定了 84 家有代表性的企业。由于互联网企业上市时间一般较晚，考虑到数据的完整性，因此选用 2018～2019 年两年的共 168 组数据。

1. 财效模型

互联网企业财效的影响因素可以从"人"和"财"两个角度考虑，笔者纳入了人效、应收账款周转率、存货周转率、权益乘数等影响因素。通过对这些数据进行拟合，剔除了无效因素[3]，最终得到如下模型：

$$Y = 4.33\ Z + 0.52\ X_1 + 0.01\ X_2 + 0.97$$

- ⊙ Y 是财效，用资产回报率（ROA）来表示，即税后净利润/总资产，代表每单位资产创造的净利润。
- ⊙ Z 是人效，以人工成本报酬率来衡量，即净利润/员工成本，表示

---

[1] 即大幅偏离平均值的数据。
[2] 即财报没有全面披露所需数据的企业样本。
[3] 即与其他变量存在多重共线性的变量，下同。

企业对员工的每1元投入产生的净利润。

- ⊙ X_1 是权益乘数，即总资产/股东权益，代表债权融资能力。
- ⊙ X_2 是应收账款周转率，即营业收入/应收账款平均余额，代表回收欠款的能力。

就实证研究而言，模型的 R^2 超过 0.4 即可认为模型的拟合优度较高，即解释变量对于被解释变量的解释力"较强"。上述模型调整的 R^2 为 0.89，其解释力已经可以用"超强"来形容，换句话说，我们找到了决定财效的主要驱动因素（drivers）。

一方面，人效的系数是 4.33，说明互联网企业的人效每提高 1 单位，财效提高 4.33，影响力极大，且相对其他因素最为突出。这说明，人是互联网企业经营中的第一驱动力。

另一方面，权益乘数和应收账款周转率的系数为正，说明两者与财效正相关。这说明互联网企业的债权融资能力和回收欠款的能力对于财效有积极影响，这也符合我们对于该类企业的一般理解。

2. 人效模型

同样地，从"人"和"财"两个角度出发，对于人效模型笔者纳入了财效、人员素质、岗位结构、资本密集度、开发支出、研发效率等影响因素。通过对这些数据进行拟合，剔除了无效因素，最终得到如下模型：

$$Z = -0.58 + 0.15\,Y + 0.65\,X_3 - 0.001\,X_4 - 0.09\,X_6$$

- Z 和 Y 仍指人工成本报酬率和 ROA。
- X_3 是人员素质，即企业中受过高等教育（本科及以上）员工的比例。
- X_4 是研发效率，即营业收入/研发费用，指的是企业每在研发上花1元钱带来的营业收入。
- X_6 是岗位结构，以技术人员占总人员比例衡量。

上述模型调整的 R^2 为 0.89，即解释变量对于被解释变量的解释力"超强"。

一方面，财效、人员素质的系数是正的，说明财效、人员素质对人效有正面影响。

另一方面，研发效率的系数是负的，即研发效率与人效负相关。这在一定程度上与我们原有的认知相悖。主流观点认为，互联网公司的研发是"技术大牛"驱动的，好的研发人员能够以一顶十，甚至以一顶百。但此处的数据结果却表明，"堆人头"依然是有效的研发模式，或者说，追求研发效率可能导致人效的降低。这对某些互联网企业来说，可能需要格外关注。我们不能否定"技术大牛"的作用，但这类人并不是随处可见的，所以"大牛制胜"的现象仅仅在少数企业里发生。

至此，本文通过实证研究科学证明了管理双杀效应在互联网行业中的确存在。

食品行业

笔者搜集了140家食品行业的上市公司，在剔除异常值和缺失值之后，最终确定了 84 家有代表性的企业。与互联网企业不同，食品企业一般上市时间较早，考虑到数据的完整性，选用 2015～2019 年 5 年的共 420 组数据。

1. 财效模型

食品企业财效的影响因素可以从"人""财""物"三个角度考虑，笔者纳入了人效、应收账款周转率、存货周转率、权益乘数等因素。通过对这些数据进行拟合后，剔除了无效因素，最终得到如下模型：

$$Y=0.04+0.028Z-0.007X_1+0.0004X_2+0.0002X_5$$

⊙ Y、Z、X_1、X_2 分别是 ROA、人工成本报酬率、权益乘数和应收账款周转率。

⊙ X_5 是存货周转率，即营业收入/存货平均余额，代表存货管理水平。

上述模型调整的 R^2 为 0.79，即解释变量对于被解释变量的解释力"超强"。

一方面，人效、应收账款周转率、存货周转率的系数是正的，说明人效、应收账款周转率、存货周转率与财效正相关。其中，相对其他因素，人效的系数最大，是财效最主要的驱动因素。

另一方面，权益乘数的系数是负的，这说明债权融资能力与财效负相关，即食品企业举债经营并不能带来财效的提升，该行业利用资产的能力存在一定问题。这当然不能说明该行业举债经营是错的，因为随着举债带来的资产规模扩大，收益总额还是在提升，只是产出效率降低了。

2. 人效模型

同样地，从"人""财""物"三个角度出发，对于人效模型笔者纳入了财效、人员素质、岗位结构、资本密集度、开发支出、研发效率等影响因素。通过对这些数据进行拟合，剔除了无效因素，最终得到如下模型：

$$Z=20.42Y+0.33X_3+1.56X_6-1.36X_7-0.86X_8+0.40X_9-0.82$$

- Z、Y、X_3 分别是人工成本报酬率、ROA 和人员素质，其中，人员素质即企业中受过高等教育（专科及以上）员工的比例。
- X_6 是岗位结构，以技术人员占总人员比例衡量。
- X_7、X_8 和 X_9 分别是固定资产比重、无形资产比重和资本密集度，代表企业资产的分配情况。

上述模型调整的 R^2 为 0.81，即解释变量对于被解释变量的解释力"超强"。

一方面，财效的系数是 20.42，远大于其余变量的系数，这说明财效对人效的影响非常大，食品企业的财效每提高 1 单位，人效提高 20.42。

另一方面，人员素质和岗位结构的系数都是正的，但岗位结构的影响系数要远高于人员素质。这说明食品企业的工作大多是标准化流程作业，更要求技术的熟练度，高学历产生的影响没有那么明显。笔者推断，员工提供的劳动是无差别的，高学历员工对人效的提升作用可能不大。

此外，固定资产比重和无形资产比重的系数为负，这说明，非流动资产的比重越大，人效越可能降低。这部分资产的变现难度相对较大，因此这种结果是符合预期的。资本密集度的系数是正的，即人均可利用的资产越多，越可能产生更大的产出。

至此，本文通过实证研究科学证明了管理双杀效应在食品行业中的确存在。

结论及启示

综上，通过对互联网行业和食品行业的实证研究均发现：人效和财效正相关，企业人效降低会导致财效降低，而财效降低也会导致人效降低。这说明，管理双杀效应是一种跨行业的普遍规律，其不仅存在于传统行业，而且在新兴行业仍然存在。而且，随着各大行业的互联网化，管理双杀效应还会更具普适性。

当然，通过两个行业的对比，我们也可以发现一些其他的规律。

其一，互联网行业的人效对于财效的影响更大（系数为 4.33），而食品行业的财效对人效的影响更大（系数为 20.42）。这说明，前者更需要重视对于人的管理，而后者则是一种重资产驱动的商业模式。

其二，互联网行业的权益乘数对于财效有正影响，而食品行业的权益乘数对于财效产生负影响。这说明，互联网行业对于资产的利用能力更强，举债带来的投入更有可能转化为经营的效率。从这个角度说，互联网可能是更具商业前景的行业。

后续笔者会选取更多行业数据，充分证明管理双杀效应的存在。

HUMAN RESOURCE EFFICIENCY

第三章
人力资源战略：关键领域的饱和攻击⊖

⊖ "饱和攻击"是苏联海军总司令戈尔什科夫元帅，在美苏争霸时期，研究使用反舰导弹打击美国海军航母战斗群时制定的一种战术——利用水面舰艇、潜艇和作战飞机等携载反舰导弹，采用大密度、连续攻击的突防方式，同时在短时间内，从空中、水面和水下不同方向、不同层次向同一个目标发射超出其抗打击能力的导弹，使敌航母编队的海上防空系统的反导弹抗击能力在短时间内处于无法应付的饱和状态，以达到提高反舰导弹突防概率和摧毁目标的目的。

当企业确认了人效目标（宽口径或窄口径）后，会有若干路径去实现这一目标，HR 应该如何选择呢？这显然是一个人力资源战略问题。确认了"人力资源战略"，才能确保各类人力资源实践聚焦关键、有的放矢、高效协同、饱和攻击，才能事半功倍。

其实，当我们把人力资源专业的交付标准锁定到人效时，这类工作似乎已经开始与深耕选用育留的传统模式不同，开始因为"聚焦"和"指向经营"而带有了某种程度的"战略性"，走向了 HR 一直追求的"战略性人力资源管理"。

人力资源专业有"战略"或"战略性"吗？战略性人力资源管理（strategic human resource management，SHRM）流派的若干学者当然这样认为。从 20 世纪 80 年代这一流派兴起，到 90 年代这种风潮一度盛行，HR 燃起了影响和支持企业战略的熊熊野心。但风风火火之后，由于种种原因，人力资源专业的"战略属性"似乎并没有得到认可。

一方面，无论是 HR 从业者还是业务部门、高管、企业经营者都倾向于将人力资源专业看作一个对业务战略影响不大的职能条线。

另一方面，至今为止，只有凤毛麟角的 HR 负责人能够明确告知自己企业的"人力资源战略"。根据穆胜事务所发布的《2020 中国企业人力资源效能研究报告》，这类"想明白了"的企业仅有 4.32%。

这里当然有人力资源专业体系孱弱、尚且处于基础建设阶段的考虑，但缺乏战略引领，人力资源专业工作输出不可能聚焦，也不可能获得企业经营者的积极评价。

互联网时代，当我们聚焦于人效时，这种局面也许会有所改变。

走向人力资源经营

人力资源必然会有产出吗，似乎如此。但人力资源会在何时产生什么样的产出，似乎又很难回答。不能回答这个问题，自然也无法计算人效。大多企业就是在这种混沌中运作人力资源工作的，HR以为投入人工成本换来了人力资源，企业就必然会有收获。但企业经营者却异常现实，看不到人效，他们就不能确定自己在人力资源这个"生意"上究竟是否划算。

这里，我们有必要区分人力资源（human resource）、人力资产（human asset）和人力资本（human capital）三个概念。为了更简单清晰地说明观点，我们引入一个笔者称之为"人工成本盒子"（见图3-1）的工具。

- ⊙ 人力资源——资源（resource）是企业掌握的一切有形和无形的功能要素。人力资源无疑是有价值的，但产出相对模糊。
- ⊙ 人力资产——资产（asset）相对资源更加狭窄，是指企业可以控制的产生经济效益的资源。人力资产是基于战略定制的人力资源，已经具备了相对确定的增值性。

⊙ 人力资本——资本（capital）相对资产更加狭窄，是与公司或项目业绩绑定的人力资源。这类人力资源和公司或项目之间有明确的"股权"或"债权"关系，由于企业或项目的增值是可计算的，与其具有资本化关系的人力资源也具有非常明确的增值性。另外，企业用资本化关系"绑定"的人，必然具有更强的意愿与能力，他们是企业的"王牌"，很大程度上决定了企业的经营结果。

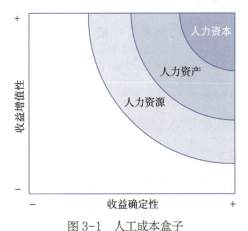

图 3-1　人工成本盒子

资料来源：穆胜企业管理咨询事务所。

想要人力资源专业推动经营，企业应该完成三个步骤。

第一步，企业支付人工成本获得人力资源。这种支付一定是基于对人力资源队伍的收益增值性和确定性两个因素的考虑，用图 3-1 中正方形的总面积（盒子）来表示。但遗憾的是，人工成本在大多数情况下都没有买到等量的人力资源，市场的溢价⊖、为人员提供的保

⊖ 因为工资是刚性的，大多数情况下只能往上升，而很难往下降。一个人也许不那么优秀，但在各种环境因素的促动下，企业也必须给出高于其价值的对价，才能将其雇用进来。

障性支出等都是实际的"超额支付"。这一步是人力资源专业操作的基础。

第二步，企业需要将人力资源转化为人力资产。这是工业经济时代战略性人力资源管理的目标。此时，学术理论界对战略性人力资源管理的理解一般采用怀特（Wright）和麦克曼汉（Mcmanhan）的定义，即"为企业实现目标所进行和所采取的一系列有计划、具有战略性意义的人力资源部署和管理行为"。也就是说，人力资源专业以维持秩序为要务，战略性人力资源管理最大的作为就是增加人力资源针对战略的准备度（readiness）。而这个背景下，人力资源专业备受关注的指标是前一章提到的人力资源有效性（HR effectiveness），即人力资源实践所达成预期结果或影响的程度。

第三步，企业需要将人力资产转化为人力资本。在过去，这一步一直是缺失的，而现在，随着时代的变迁，HR又应该怎么做呢？

显然，工业经济时代的战略性人力资源管理只走了一半，但没有抵达终点，无法产生我们最关注的人力资本。事实上，在互联网时代的背景下沿着"人力资源管理"的逻辑继续往前走，无论如何都不会产生太强的"战略性"，人力资源的增值空间极其有限。在《激发潜能：平台型组织的人力资源顶层设计》⊖一书中，笔者曾经明确提出"人力资源管理"应该走向"人力资源经营"。

管理是做计划、组织、领导、控制，是制定一定的目标，而后组织资源，再用领导来牵引，用控制来纠偏……所以，管理的过程是线

⊖ 已于2019年由机械工业出版社出版。

性的，即 1+1=2，关注的是职能模块的几个动作有没有完成。在工业经济时代的金字塔组织里，显然需要"人力资源管理"。

经营是把资源最大程度变现为收益，再说具体点，就是把资源低价买进来，投入附加价值的过程，变成产品或服务，再用高价卖出去。所以，经营的过程是非线性的，即 1+1 不一定等于 2，并不需要各司其职完成规定动作，而是需要用一种其他的方式确保交付经营结果。在互联网时代的平台型组织里，显然需要"人力资源经营"。

从人工成本盒子也可以看出，要通过人力资源经营获得右上角更多的人力资本[ⓐ]，只有两条路：一是夯实人才基础，即在同样的人工成本下获得更多的人力资源；二是提升转化效率，即让人力资源到人力资产再到人力资本的转化变得更高效。

做到这两点，就能将人力资源最大程度变现为收益，自然也能获得更高的人力资源效能（HR efficiency）。也可以说，人力资源经营就是以人力资源效能为支点，去推动经营，影响财报。

战略性人力资源经营

互联网时代的战略性人力资源管理，一定是在人力资源经营的轨道上实现的，与其称之为"战略性人力资源管理 2.0"，不如称之为

ⓐ 体现在图形中，并非人力资本部分的面积变得更大，而是颜色变得更深。对于人力资产和人力资源，也是同样的表现形式。

"战略性人力资源经营"。如果说"人力资源经营"指向人力资源效能，那么，"战略性人力资源经营"就应该指向"核心人力资源效能"（核心人效），即我们前面提到的"窄口径人效"。道理很简单，前文已经明确提出——"窄口径人效"是"宽口径人效"的增长内核。而且，如果考虑战略是聚焦关键领域的饱和攻击，我们更应该在有限的时间内，将有限的资源用以提升核心人效。

具体来说，战略性人力资源经营有三个新特征。

一是"向外看"，以"核心人效"为支点，以更直接的方式推动经营。

这种模式对核心人效的追求更加直接：并不是以传统选、用、育、留的方式维护组织秩序，静待结果，而是沿着企业的战略方向，利用人力资源政策，主动将人力资源转化为有明确"增值性"的人力资本。

企业的战略决定了组织构型，组织构型由若干组织单元（流程环节、部门、团队等）组成，HR的任务是将不同级别的人力资源分类配置到不同级别的组织单元里。这里，对于"核心人才仓"和"北极星指标"的界定成了人力资源配置的指南，HR得以通过匹配两者来追求"核心人效"。

当然，这不仅仅是帮助各个组织单元"组队"的问题，而是在一个完整的生命周期里实现从人力资源到人力资本的最大程度转化和增值。这个过程可以分为四个阶段（见图3-2）。

第三章 人力资源战略：关键领域的饱和攻击

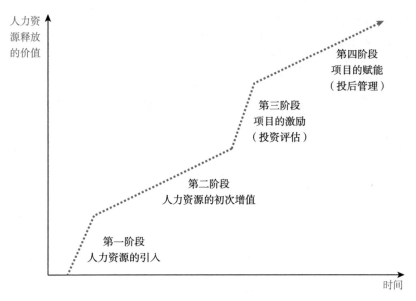

图 3-2　人力资源经营的四阶段模型

资料来源：穆胜企业管理咨询事务所。

○ 第一阶段是人力资源的引入，这是人力资源的初步资本化，即通过外包（outsourcing）或合伙（partnership）的灵活方式，在用支付杠杆[○]引入优质人才（但不一定让其在册）的同时，将人才与企业初步绑定。更激进的企业，甚至可以直接以投资形式来并购团队。正如图中陡峭曲线显示的，这个环节的操作可以在短期内见效。

○ 第二阶段是人力资本的初次增值，即用企业沉淀的组织知识来提升人才素质，使其匹配企业的各类组织单元。正如图中平坦曲线显示的，这个环节的操作需要长期投入才能见效。

[○] 即不直接支付大额现金，而是利用股权激励等手段将人才的收益放到远期，这样的方式可以减少企业的当期支付压力。

- 第三阶段是项目的激励（投资评估），这是人力资源的再次资本化，即将人才配置进组织单元里，辅以项目式的激励和风控机制，将其锁定为与项目的股权和债权关系。正如图中陡峭曲线显示的，这个环节的操作也可以在短期内见效。
- 第四阶段是项目的赋能（投后管理），这是人力资本的再次增值，即为项目提供人力资源管理解决方案，增加其成功可能性。正如图中平坦曲线显示的，这个环节的操作同样需要长期投入才能见效。

二是"向内看"，以"核心人效"为目标，规划"人力资源政策包"。

传统人力资源专业对于商业模式、业务流程、组织结构等组织构型领域（House 的房顶）并没有多少影响力，主要是在选、用、育、留等职能领域（House 的支柱）活动，而在上述职能领域也是循规蹈矩，且各模块"背对背"活动，并没有形成一体化的解决方案。

战略性人力资源经营主张拓展人力资源工作的边界，并以高度协同的整体打法去寻找"核心人效"的增量空间。一方面，要设计指向经营的组织架构（organization architecture）；另一方面，要基于组织架构设计定制化的人力资源解决方案（solution）。

这两个趋势导致了人力资源各职能模块的进化，以下新 HR 职业的兴起都是这种趋势的证明。

- 组织开发（organization development，OD）——基于对战略的理解，对业务流程、组织结构、岗位编制等进行干预。
- 劳动力计划（workforce planning，WFP）——基于业务流程、组织

结构，对岗位编制和排班模式进行干预。

- 学习开发（learning & development，LD）——传统培训职能的创新，类似知识管理（knowledge management）职能，让企业的知识萃取沉淀、自动上传，让员工自动卷入学习节奏、自动下载。
- 新业务伙伴（new business partner，NBP）——更有影响力的业务伙伴，类似业务部门的 CHO，与财务 BP 协同作战，共同推动业务部门的经营。
- 数据分析（data analysis，DA）——以数据纵览人力资源体系全局，并推动业务流、人才流、资金流的"数据三流合一"，发现一切实现人效提升的机会。

三是这些人力资源政策必须具备明确的战略性，能被归纳出某种逻辑——"人力资源战略"。

所谓战略就是"做什么，不做什么，先做什么，后做什么，重做什么，轻做什么"，人力资源战略也是在这一职能领域的上述选择。所以，战略性人力资源经营不能是"撒胡椒面"的操作，而应该有所侧重，所有的政策都遵循一种逻辑、强化一个主题——人力资源战略。而战略性人力资源经营由于指向了更加明确的"核心人效"，更应该如此。这个看似简单的道理似乎并没有受到重视，当前，大量企业的人力资源体系都无法明确描述自己的人力资源战略。

如表 3-1 所示，总体来看，两个时代的战略性人力资源管理（经营）有明显区别。

表 3-1　两个时代的战略性人力资源管理（经营）

	工业经济时代	互联网时代
组织模式	金字塔组织	平台型组织
基本范式	人力资源管理	人力资源经营
操作方向	基于战略需求提供人力资源政策的精准支持	基于战略方向用人力资源政策带来经营结果
人力资源转化目标	人力资产（human asset）	人力资本（human capital）
关注指标	人力资源有效性（HR effectiveness）	人力资源效能（HR efficiency）

资料来源：穆胜企业管理咨询事务所。

人力资源战略的三个关键决策

如果确定互联网时代应该走向人力资源经营，如果确定战略性人力资源经营应该以核心人效作为支点，我们还应明确什么是需要高度关注的核心人效以及其背后的人力资源战略。这里，我们再次使用穆胜人力资源效能矩阵，以人效视角确定人力资源战略需要的三个关键决策（见图 3-3）。

一是"关键资源的决策"，即人力资源的建仓思路。在公司的人工成本和人员编制两项预算约束条件下，结合公司的商业模式、业务形态、发展阶段等，如何搭建人才仓（或称为人才队伍、人才池等）？这里的建仓思路不仅仅是指招聘这一个环节的思路，而是指人才队伍规划的全生命周期思路。人才仓的划分可以按照职级（高级、中级、初级）、职能（研发、生产、销售等）、模块（前台、中台、后台）等，不拘泥于形式，但要明确各类人才的成长逻辑和输出逻辑（对战略和经营）。

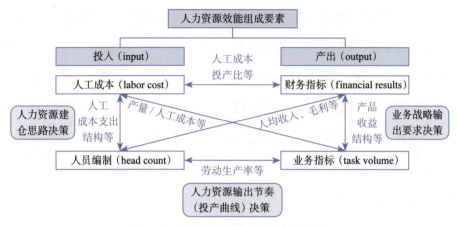

图 3-3　人力资源战略的三个关键决策

资料来源：穆胜企业管理咨询事务所。

关键是要界定最能驱动业绩的"核心人才仓"。除此之外，也要明确各类人才仓的定位。哪些人才仓是负责进攻的？哪些人才仓是负责防守的？哪些是在长期内发挥作用？哪些是在短期内发挥作用？其实，这是 HR 应该与企业经营者取得的第一个共识，没有这个共识作为原点，后续的一切都无从谈起。

大多数 HR 在这一步就错了，关于如何搭建人才仓，他们根本没有自己的思路，而是被业务部门牵着鼻子走，将业务部门关于人员的表面需求当成了自己的工作思路。也就是说，关于需要什么样人才的信息是来自执行层面的业务，而不是公司层面的战略，而且由于业务部门的思考局限（看不到全局）和私利（想增加编制），这里面的大量信息还是不准确的。

二是"关键目标的决策"，即业务战略的输出要求。这里不是要模糊地定义业务战略方向，也不是简单地定义出企业是走低成本还是差异化，而是要找到企业各类业务的"北极星指标"和背后的增长逻辑。企业的最终经营结果或估值只是一两个数字，但这些数字却是由各个组织单元的协同发力来支撑的。一个企业里，有的组织单元是跑业务规模的（关注 GMV[①]、营业收入等），有的组织单元是跑用户规模的（关注 DAU[②]、MAU[③]、占用时长等），有的组织单元是跑盈利能力的（关注 ARPU[④]、ARPPU[⑤]、LTV[⑥]等），有的组织单元是打下管理基础的（关注资源池建设等）……

最关键的是要界定最有战略意义的组织单元的北极星指标，因为其最能撬动企业的战略和经营。

显然，这个"北极星指标"及其增长逻辑，既是对资本市场诉说的故事（商业模式），也是企业赖以生存的阵地。更重要的是，如果无法确定这类北极星指标，我们就无法将核心人才仓锁定在公司或项目的业绩上，人力资源资本化也成了空谈。

大多数 HR 不能制定出有效的人力资源战略，主要是因为他们对于业务战略理解不深。他们在工作中缺乏接触战略的机会，被选用育留的传统专业"圈养"，逐渐失去了"战略感觉"。这种境遇还在恶化，HR 越是"专业"，越是如此。但如果没有理解企业的增长方向和增长逻辑，就不可能提供相应的人力资源精准支撑，所有的人力资源政策

[①] gross merchandise volume，表示一定时间段内的成交总额。
[②] daily active user，表示日活跃用户数量。
[③] monthly active user，表示月活跃用户数量。
[④] average revenue per user，表示每用户平均收入。
[⑤] average revenue per paying user，表示每付费用户平均收入。
[⑥] life time value，表示用户的生命周期总价值。

都可能是 HR 在自我陶醉。

三是在资源和目标的约束下的"时间窗决策",即人力资源的输出节奏。基于前两个决策要素,HR 需要设计一套人力资源政策包,将核心人才仓和北极星指标连接在一起。不仅如此,由于企业的业务战略是有时间窗的,因此人力资源战略也有时间窗。HR 应该通过定制的人力资源政策包来控制输出节奏。

一方面,各种政策产生效果的周期是不同的。例如,激励可能立竿见影,而培养则需要一定的周期。另一方面,每个企业同时拥有几个"核心人才仓",输出节奏也不同。例如,对于领军人才的培训周期更长,对于工兵人才仅仅需要短期培训进行动作标准化即可(三类人才仓的输出规律,如图 3-4 所示)。所以,企业的思路应该是"协同搭配、均匀输出",即对不同的人才仓使用不同的人力资源政策,确保每个时间节点里都有企业经营者可以接受的人效水平。

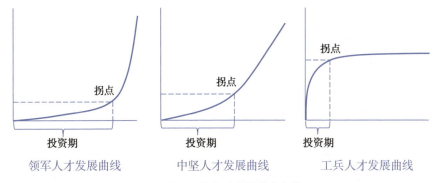

图 3-4 三类人才仓的输出规律

资料来源:穆胜企业管理咨询事务所。

大多数 HR 对于人力资源政策的运用并不纯熟，操作范围有限，方式比较陈旧，各个职能之间缺乏协同，这导致人力资源政策无法作用于病灶，无法集中火力、立竿见影。这让人力资源专业被打上了"固本强基"的标签。

核心人效的基础公式

在明确了上述三个关键决策后，企业一方面确认了核心人效指标，另一方面也明确了人力资源政策的整体理念。人力资源政策各异，但基于人力资源经营的思路，大概有两个方向。笔者设计了两个指标，力图通过指标的构造来陈述思路。

1. 提升人力资源资本化率

人力资源资本化率（capitalization rate of human resource，CRH）是指"不确定薪酬"在总薪酬中的占比，用以表示人力资源资本化程度。

$$人力资源资本化率（CRH）=\frac{资本化人工成本}{总人工成本}=\frac{不确定薪酬}{总人工成本}$$

什么是"不确定薪酬"呢？它不是一般意义上的浮动薪，因为在传统组织模式里，浮动薪一般是按照固定薪的形式发放下去的。浮动薪主要指绩效工资和奖金，这两类薪酬主要受绩效考核结果的直接或间接影响。但大量企业在每个考核周期里都是"认认真真走过场"，给出相对平均的考核结果。笔者设计了一个名为"激励真实指数"[1]的算法，用以计量企业绩效得分的变动部分占总得分的比例。经过几十个样本（涉及国企、民企、外企）的计算，没有任何一个样本在该指标上超过5%[2]，这意味着在一个默契区间里"平均给分"已经成为大量企业的常态，直观来说，分数大多在60分以上70分以下，如果要按A、B、C、D来分级，基本都是B级。

这里所谓的"不确定薪酬"，主要在平台化激励[3]里使用，即员工以对价投入有可能"拿不到"的薪酬，主要涉及"本金＋投入回报"两个部分，具体包括跟投投入、（随经营业绩波动的）奖金、分红等。在心理预期上，员工会认为这笔钱"应该是"属于他们的，但如果不能达成目标，这笔钱是会"沉没"的。当然，这种激励方式更适合核心人才仓里的激励对象，因为他们从事的更多是创意类工作；对于非核心人才仓，传统激励模式足以覆盖，因为他们从事的更多是标准化工作。

以人力资源资本化率衡量核心人才队伍，显然表示了核心人才队伍的整体意愿，对于核心人效有巨大影响。道理也很简单，员工"可能沉没的薪酬"与他们的意愿成正比，显然在很大程度上驱动了企业的人效。

---

[1] 对于这一指标的算法，第五章中有详细的说明。
[2] 后续会谈到，根据穆胜事务所发布的《2020中国企业人力资源效能研究报告》，428家有效样本企业的平均激励真实指数依然处于5%以下，尽管其中有极少的个案已经超过了5%。
[3] 对于这一激励模式，第六章中的"调整刚性薪酬结构"部分有详细的说明。

所以，HR 为了提升核心人效，需要利用一系列股权激励手段，让员工更多地与公司绑定，要么是与公司整体绑定，要么是与公司的项目绑定。只有把人力资源放入公司和项目，让两者形成股权或债权关系，人力资源的"增值性"才有明确保障，才能实现资本化。俗话说，钱在哪里，心在哪里。

当然，从这类操作的空间上看：公司层面的股权激励受限于公司的市值现状和发展势头，激励对象相对有限；项目类股权激励则更加灵活，不仅激励对象更广，而且还能反哺公司市值，应该是 HR 关注的重点。

2. 提升人才能力密度

人才能力密度（density of talent，DT）是指一元的"不确定薪酬"可以买到多少人才能力，用以表示企业内人才的密度和人才能力的密度。这个指标对于人效的重要性，任正非先知先觉，在 2001 年《华为的冬天》这篇文章里，他谈道："……一个企业最重要、最核心的就是追求长远地、持续地实现人均效益增长。当然，这不仅仅是当前财务指标的人均贡献率，而且也包含了人均潜力的增长……"他所谓的"人均潜力"就是人才能力密度。这个指标高，一是代表企业良将如潮，二是代表每个人才的水平都极高。

$$人才能力密度（DT）=\frac{人才仓能力总值}{资本化人工成本}$$

这里有两个问题需要解答。

其一，什么是人才仓能力总值呢？也就是人才队伍的总战斗力，由各个人才仓能力值加总而成，而各个人才仓能力值又是由其成员的能力值加总而成。至于能力值如何衡量，不同企业有不同企业的口径，有的直接使用素质测评结果，有的使用绩效结果模拟，还有企业将素质、学历、年龄、职业资格等维度进行综合考虑以形成"能力指数"……其实，如何衡量能力并不重要，这里我们更多呈现的是一种思路。

我们用以下公式来表达：

$$人才仓能力总值 = \alpha \times 人才仓1能力值 + \beta \times 人才仓2能力值 + \gamma \times 人才仓3能力值 + \cdots\cdots$$

公式里，α、β、γ是参数，代表每个人才仓的重要程度，也即人才仓对于业绩的影响程度。

其二，为什么要选择资本化人工成本而不选择总人工成本呢？首先，对于核心人才仓里的人才而言，"确定薪酬"只是基础的部分，他们更关心自己的"不确定薪酬"。其次，越是在接近平台型组织的环境里，"不确定薪酬"的比例越大，考虑平台型组织已成为一种趋势，这种计量口径显然更加合理。

用人才能力密度衡量核心人才队伍，显然表示了核心人才队伍的整体能力。仅仅考核人才仓能力总值没有意义，因为这种能力可能是"花钱"或"堆人数"做出来的，应该考核企业的人才能力密度。人才能力密度越大，表示企业能够在一定的激励水平下获得更多的人才能力，这几乎代表了其人才培养系统的强大程度。

所以，HR 为了提升核心人效，需要打造强大的人才孵化器，用各种方式提升人才能力。就这个方向来说，正因为人才的潜力是巨大的，HR 才拥有极大的操作空间，但前提一定是将人才培养方向校准到企业的战略方向。换句话说，我们对于能力的定义一定是能够支撑业务战略。这也决定了人才孵化器一定是企业"内化"的体系，而不能盲目依赖外包商。

另外，相对于将人力资源资本化，在人才培养上的投入让人力资源变得更有价值，也让这种资本化的操作有了更大的空间。

3. 两个指标的作用

提升人力资源资本化率和人才能力密度，都会提升企业的人效。而面对核心人才仓进行上述两个方面的努力，自然会提升核心人效。从逻辑上说，人才队伍的意愿和能力的增强，必然会带来人效的提升。从两个指标的计算逻辑来看，我们也可以发现这种必然的关系：

人力资源效能（HE）≈ 人才能力密度（DT）× 人力资源资本化率（CRH）

$$= \frac{人才仓能力总值}{资本化人工成本} \times \frac{资本化人工成本}{总人工成本}$$

$$= \frac{人才仓能力总值}{总人工成本} \approx \frac{企业绩效}{总人工成本}$$

需要说明的是，上面的运算中使用了"≈"，因为我们可以说"人才仓能力总值"在很大程度上决定了企业绩效，但除了这个因素，我们还要考虑"客观环境因素"对于绩效的影响。直观点儿说，能力极强的人才也可能因为运气不好而获得低绩效。

三种人力资源战略

在战略性人力资源经营中,人力资源战略是抵达"核心人效"的捷径。基于上述核心人效的基础公式,结合人力资源经营的四阶段模型,我们可以总结出三种人力资源战略。

1. 激励型人力资源战略

这种战略聚焦于提升核心人才仓的人力资源资本化率(CRH),企业人力资本的增值出现在第一、三阶段。用支付杠杆引来了成熟型人才,对其进行初步绑定后,只需要为他搭好班子、配好资源,下沉权力,再用激励手段将其牢牢绑定在项目上。第一阶段用得好的是小米(参见附录3A"小米:用股权激励绑定行业高手")、腾讯、阿里之类的互联网企业,第三阶段用得好的典型企业是海尔(参见附录3B"海尔:让人人都是自己的CEO")、万科、碧桂园等传统企业中的先锋。

这种方式必须给得到位,给得让行业内都咋舌,给得让别人都没有办法跟进。当然,这绝对不是企业足够"豪放"就行,更多是需要设计技巧,让激励机制能够更灵敏地反馈人才的价值创造成果。这需要大量的数据测算,也要深度理解人才仓和业绩输出之间的关系。但这种在设计上的投入也很值得,激励机制上稍微灵敏一点,人才作为被激励者的感知就完全不同。因为,激励这种"焦点问题"会在员工的关注中被迅速放大,除非企业认为自己的员工仅仅是为了情怀在工作。另外,这种投入也是为了规避风险。笔者见过太多粗放设计激励机制带来的恶果：要么是钱发得不实在，变成了空头支票；要么是钱发得太过粗暴，把风险全都留给了企业。

以第一阶段人力资源引入采用的股权激励为例。不少企业用期权或限制性股票来绑定并激励员工，员工则通过工资打折或支付现金的方式作为对价。如果企业发展好，股价上涨获得期权价值或实现限制性股票解锁的业绩标准，这是一个双赢的事情。但现实中，大量企业过高估计了自己的发展势头，让员工支付了太大的代价，最后就导致双输。企业丧失了公信力，员工也竹篮打水一场空。

以第三阶段项目采用的激励为例。不少企业把这里简单理解为"提成制"，无论业绩多少，员工都能按比例分成，一般情况下，这也是错误的，因为这反而会让员工失去动力。事实上，这里面有太多的设计技巧和数据测算[⊖]：

- ⊙ 分利的业绩基础究竟是所有业绩，还是增量业绩？
- ⊙ 分利是以什么作为基础？是流水提成、营业收入提成、利润提成，还是现金流提成？
- ⊙ 触发分利的项目业绩条件是什么？岗位业绩条件是什么？
- ⊙ 分利比例如何设定？是做加速分利，还是减速分利？
- ⊙ 要不要设置封顶值，设置的依据是什么？

⊖ 详细的设计技巧将在本书第六章中"调整刚性薪酬结构"的部分进行介绍。

2. 赋能型人力资源战略

这种战略聚焦于提升核心人才仓的人才能力密度（DT），人力资本的增值出现在第二、四阶段。赋能主要分为资源赋能和方法论赋能两种，前者主要指资源的连接，而后者的本质则是人才培养。不在引进人才上花大钱或释放大激励，企业就必须有足够的底气：一是自己的资源好，能够帮扶普通的人才成功；二是自己的方法论好，能够让普通的人才快速成长。在这方面，海底捞、中海地产（参见附录3C"中海地产：如何成为行业的'黄埔军校'"）等企业都是典型代表。海底捞有严格的任职资格体系，对人员的改造效率超高；中海地产为几类核心人才设计了阶梯式的成长路径，在每个关键节点都有赋能项目的介入，这让人才快速成长，培养效率在行业首屈一指。

正因为在人才培养上有底气，这些企业不会通过高位的薪酬支付来获得人才，P50⊖左右甚至更低的薪酬水平是常态。它们的投入，更多是花在人才培养上。它们也不怕人才被挖走，被挖走也"认了"，因为有更多的人才会顶上来。我们可以大胆猜测，某种程度上，它们对人才被挖走也持开放态度，因为只有如此，才有职位上的空缺可以供后来的年轻人补位，人才供应链才能正常运转。所以，房地产行业里才有"挖不垮的中海"这类说法。

值得一提的是，不少企业选择这条路不是因为自己的资源和方法论有多好，而是为了节约成本，但它们还努力自我催眠和向外催眠，

⊖ 50分位值，表示有50%的数据小于此数值，反映市场的中等水平。

反复强调自己是"大平台",希望空手套白狼地获得"明星空降兵"。如此一来,人力资源战略就会极度模糊,人力资源的各类实践也会相互"打架"。

资源是客观存在的,难以在短期内改变。相较之下,这类企业尤其必须在人才培养上花大力气,连 SOP(标准作业程序)、使能器、模型、基线都没有沉淀下来的企业不要妄谈人才培养。不少企业直接下"跳棋",想用"带教"来跳过知识管理(知识萃取、知识分享等)这一步,快速实现人才产出,这更是极其错误的。

如果没有知识沉淀,带教者的意愿和能力都没有办法保障。

难道那些企业内的高手都愿意"教会徒弟饿死师傅"吗?这显然违背了人性。普遍情况是高手都愿意让自己显得"鞠躬尽瘁":一方面可以赢得老板的欣赏;另一方面可以暗自把持技术霸权,让自己无可替代。其实,很多企业已经看透了这种浅显的道理。例如,IBM 采用"长板凳计划",没有培养出本岗位接班人的人不能获得晋升。再如,有的企业规定师傅可以分享徒弟成长的收益。

难道任何一个高手都可以随意"教会徒弟"吗?这显然把教学这个事情想得太简单了,这相当于说教学不需要教材、不需要技巧,这又不是插上 U 盘拷个资料。好多老板宁愿花时间转发微信文章或朋友圈,传播各类牛人的文章,让员工直接对标学习,也不愿花时间把自己成熟的方法论进行整理,让员工一步步练好基本功。这实际上也是在用动作的勤奋掩盖思维的懒惰。

其实,采用这类战略的企业必须用心打磨自己的人力资源政策,在任职资格体系、素质模型、课程体系、讲师体系、培养项目等方面都要花心思、有投入。最佳状态是，员工一旦进入这个人力资源专业体系，高手会自动上传知识，徒弟可以自动下载知识。这种体系是"卷入式"的，是不以个人意志为转移的，这样才能实现真正意义上的"赋能"。

3. 混合型人力资源战略

除了上述两类人力资源战略，大量的企业都是采用混合型人力资源战略，即同时提升核心人才仓的人力资源资本化率（CRH）和人才能力密度（DT）。这种战略里，企业对不同的人才仓采用不同的人力资源战略，有的人才仓以激励为主，有的人才仓以赋能为主，还有的人才仓两者混搭，不同阶段使用不同战略。在这方面，华为（参见附录3D"华为：以奋斗者为本的赋能与激励"）就是典型的例子，它为员工设置了很长的人才培养周期，抵达产出的拐点（成为华为定义的"奋斗者"）之前以赋能为主，而在抵达拐点之后则以激励为主，员工不仅可以在项目中获取丰厚奖金，还可以分享TUP激励，即有效期为5年的股权奖励（分红权和增值权）。

这里最大的误区是，大多数企业的人力资源战略并不是混合型的，它们是战略最忌讳的"夹在中间"。它们既没有决心去投入成本引入人才，精心雕琢激励机制，又没有决心去梳理资源、沉淀知识，耐心打磨赋能机制。其实，人才与人力资源战略之间有很大可能形成"错配"：成熟型人才不可能有耐心被企业深度赋能，而潜力型人才也很难在资源和能力欠缺时,就有勇气与企业共同"劣后"[注],追逐合伙人式的分享。所以,这类企业在两个方面都是浅尝辄止,漏洞百出。严格意义上说,企业经营者和 HR 一个敢乱想,一个敢乱跟,都有责任。

值得一提的是,虽然人力资源战略指向了"核心人效",虽然我们确信"核心人效"的优异表现必然推动"宽口径人效"实现目标,但一定要避免战略的短期化。人力资源经营不是一个短期概念,不能仅仅关注当期数据,也要关注未来数据。人力资源战略应该是在长期和短期经营导向之间实现平衡的最佳指南。

对业务战略的适配

人力资源战略聚焦于核心人才仓。从效果来看,其导致核心人才仓呈现出两种截然不同的价值释放规律(两类人力资源战略的输出效果,如图 3-5 所示)。这些规律决定了企业只能选择适合自己的人力资源战略,以求与业务战略匹配。

1. 适配低成本战略

有些企业的业务战略就是低成本竞争,也就是薄利多销。这类业务战略的输出要求大概有两个:一是供给侧有大量稳定的产品或服务,只有这样,才能通过规模效应摊薄单位产品或服务的成本,在低价的

[注] 金融术语,即承担最高级别的风险。自然,劣后方通常也可以分享最高级别的收益。

限制下实现"薄利";二是需求侧是大量重复的标准品式销售,只有这样,才能在有限的时间内最大限度实现出货,在低价的限制下实现"多销"。

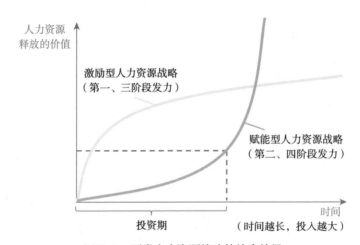

图 3-5　两类人力资源战略的输出效果

资料来源:穆胜企业管理咨询事务所。

这些要求决定了其"核心人才仓"必然是"成熟型人才",他们自带技能包,可以在简单整合后发挥作用。如果采用赋能型人力资源战略,招聘一大堆生手过来做长期培训,力图重仓精英,这就是典型的不理智。换言之,企业不需要赋能型人力资源战略带来的人力资源价值井喷,仅仅需要激励型人力资源战略带来快速稳定的输出即可。如果采用赋能型人力资源战略,"投资期"就太长了,试错成本也太大了:在供给侧,产品、服务无法稳定,无法提速,无法降低成本;在需求侧,销售行为无法重复,也无法提速,无法实现销量放大。

进一步分析,招聘生手似乎为企业节约了人力成本,但实际上却是巨大的浪费。生手有招聘成本、培养成本，培养的过程中，还有做不了事浪费的机会成本，如果培养不成功，人员主动或被动流失了，还有培养他花去的沉没成本，以及重新聘任人员补位的重置成本。这五大成本像五座大山一样，压垮了奉行低成本竞争的企业。最可怕的是，这种人力资源战略选择的错误还很隐蔽，当企业经营者发现走错时，根本回不到正道，HR 相当于为企业经营者和公司挖了个"巨坑"。

2. 适配差异化战略

有些企业的业务战略是差异化竞争，也就是厚利少销（聚焦高支付能力的客群）。这类业务战略的输出大概有两个需求：一是供给侧有大量创新产品或服务，只有这样，才能获得购买的高溢价，在少销的限制下实现"厚利"；二是需求侧是精准的顾问式销售，只有这样，才能让有限的高支付能力客群产生体验感，才能在厚利的前提下实现精准的"销售"。

这些要求决定了其"核心人才仓"必然是"高潜型人才"，这类人才必须实现与企业的融合，才能产生深度创意。如果采用激励型人力资源战略，招聘一大批熟手并且绑定大量的期权、股权、项目分红，力图立竿见影，这也是典型的不理智。换言之，企业不需要激励型人力资源战略带来的人力资源价值稳定输出，而是需要赋能型人力资源战略带来的井喷。如果采用激励型人力资源战略能奏效，意味着为了实现创新可以使用"职业杀手"，但这显然不合常理。"职业杀手"可以稳定输出，但无法达成创意上的大突破，一些凤毛麟角的有创意的"职业杀手"可能实现局部创新，但无法形成一股整体的持续创新力量，无法支持企业实现差异化战略。

进一步分析，招聘熟手似乎为企业带来了即战力，但实际上却锁死了企业未来的空间。因为，此时企业买的是看得到天花板的输出，即使再投入激励成本、再进行赋能，也无法获得基本输出之上的创意部分。更应该警惕的是，企业有可能将希望寄托在熟手的爆发上，对他们产生远胜于他们正常水平的期待，不仅导致双方的合作不愉快，甚至企业也会因此忽略了对人才队伍的持续赋能。换句话说，在购买创意这个事情上，企业无论如何都会走向一笔不划算的投资。

3. 适配的特例

上述的分类只是大原则，现实世界里企业的业务战略千差万别。

有的行业产品溢价极低，看似是个低成本竞争的行业，但产品或服务却是差异化的。所以，这个行业里普遍使用赋能型人力资源战略，竭力培养子弟兵，也能取得很好的效果。例如，手机制造是一个特别讲究创意的行业，大量的设计、科技充斥产品，而非标准化竞争，赋能型人力资源战略自然可行。创意型产品输出本来应该带来高溢价，而这个行业的特性之所以是低价格竞争，是因为多家创意型竞争者的红海血拼。当然，能在这个普遍低价格的行业做出高溢价的企业，必然是把赋能型人力资源战略做到了极致，与一般竞争者拉开了差距。

有的行业产品溢价极高，看似是个差异化竞争的行业，但产品或服务却是标准化的。所以,这个行业里普遍使用激励型人力资源战略,大量使用空降兵,也能产生很好的效果。例如,房地产并非一个极度讲究创意的行业,更多是一种标准化产品的输出,而非差异化竞争,激励型人力资源战略自然可行。标准化产品输出本来应该带来低溢价,而这个行业能带来高溢价,是行业的特性,甚至是由国家经济结构决定的。当然,能在这个普遍高溢价的行业里做出更高溢价的企业,也搭配了赋能型人力资源战略,它们对于人才的持续培养,成了这类优秀企业的创新基因。

事实上,所有行业里都有创新的空间。低溢价的行业也可以追求高溢价,高溢价的行业也可以追求更高溢价,这种方式就是重新定义行业。如果要向这个方向走,其人力资源战略必须有赋能型人力资源战略的部分,考验的是企业奉行长期主义的决心。

人力资源战略的静态空间

人力资源战略应该匹配业务战略,却绝对不是一个简单的二选一。人力资源战略是一个决策组合,通过人力资源政策包来精准控制投产曲线。这条曲线虽然不是唯一的,但从静态上看,也有应该的"空间"和去不得的"禁区"。

针对核心人才仓,企业都应该避免进入人力资源战略制定的两个"禁区"。人力资源战略的空间,如图3-6所示。

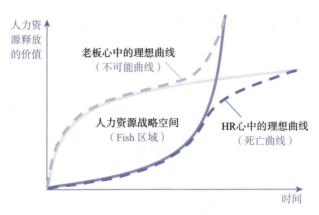

图 3-6　人力资源战略的空间

资料来源：穆胜企业管理咨询事务所。

1. 不可能曲线之上

一方面，老板永远希望人才能够"来之能战，战之能胜，胜之能好"，不仅如此，他们还希望人才能够跟随企业一起成长，焕发第二春。所以，他们心中的理想曲线是上面一条虚线，但这条线是"不可能曲线"，曲线以上的部分就是人力资源战略制定的第一个"禁区"。

因为，这类人才肯定是带着职场经验过来的，他们心里的决策模型已经很坚固了，能力提升空间也有限，就是来寻求"能力套现"的。企业要么给期权、股权，要么给高工资，但如果天天和他们谈梦想，希望进行价值观"同化"，还希望他们再学习，再实现创意的井喷，这就非常不理智了。

面对老板的这类"既要、又要、也要、还要"的需求，HR 应该秉持专业性，明确告知人才成长的客观规律。如果可能，一定要让老板想清楚自己要什么，对于这类人才，用激励、给空间，确保他们发挥出正常水平即可。至于什么是正常水平，在引入这类人才时就要和对方达成共识。

2. 死亡曲线之下

另一方面，HR 永远希望老板对于人才成长有足够的耐心，好比先收款且没有交货期的生产订单是受欢迎的。所以，他们心中的理想曲线是下面一条虚线，但这条线是"死亡曲线"，曲线以下的部分就是人力资源战略制定的第二个"禁区"。

真实的情况是，如果有 HR 把曲线定位在这个区域，要么企业被人力资源管理的低效拖垮，失去了生存的空间，要么 HR 被自己的低效拖垮，失去了自己的职位。其实，即使老板不专业，暂时认可 HR 在这个禁区里，HR 也不能掉进去。如果 HR 把自己放到不要求输出的温室里，实际上是害了自己。

因为，老板迟早会在企业发展不顺时回头进行复盘，而复盘的结论大概率会指向人才供给不足，此时，HR 已然避无可避。与其如此，HR 不如一早就明确思路，争取有所作为。其实，这好比格斗时面对一记躲不开的重拳，最好的防守方式不是后退，而是迎上去，让对手没有挥拳加速的空间。HR 应该明确告知老板自己的人力资源战略，赢得认同，同时基于战略落地的过程设计，进行预期管理。

3. Fish 区域

真正的人力资源战略空间是中间的"Fish 区域"。在这个空间里，企业需要根据自己的业务战略（甚至其他战略）定位和人力资源结构定位，来构筑一条符合客观规律的合理曲线。曲线靠上，我们可能需要选择一些立竿见影的打法；反之，曲线靠下，我们就可以选择一些固本强基的打法，当然了，必须要有预期的回报。

即使我们明确定位出了人力资源战略空间，企业经营者也依然会无比纠结。一方面，由于竞争环境的剧烈变化，企业经营者可能要求 HR 把曲线调整得相对靠上，以便获得生存的空间；另一方面，由于竞争环境的激烈程度，企业经营者不得不选择把曲线调整得相对靠下，以期通过"下潜"来获得"井喷"的结果，从市场里突围。两者之间的平衡，就需要 HR 的专业。我们始终要相信，在 Fish 区域中，一定有一条最优的投产路径。

需要提醒的是，大量企业的人力资源战略都采用了混合型人力资源战略。这些企业针对不同的核心人才仓，针对这些人才的不同发展阶段，采用不同的人力资源战略，它们的投产曲线可能是几条曲线的叠加。此时，企业整体核心人才的投产曲线显然可以突破上述禁区。这也意味着，HR 应该针对不同的核心人才仓使用不同的人力资源政策，确保每个时间节点里都有工作亮点，确保整体核心人才队伍能够支撑战略，推动经营。

人力资源战略的动态空间

互联网时代人才在企业内的生命周期变短，这对人力资源专业显然提出了更高的要求。这导致人力资源战略必须在动态中寻找空间。

1. 人才生命周期变短的挑战

采用激励型人力资源战略的企业依赖成熟型人才。过去的规律是，这类人才可以在抵达输出峰值后一直保持，因为业务本身没有太大变化，获得的技能可以一直使用。但现在，成熟型人才面临"技能过时"的风险，即随着经营环境的变化，技能会很快过时，这类人才的输出在达到峰值后会逐渐衰减。

采用赋能型人力资源战略的企业依赖高潜型人才。过去的规律是，这类人才可以在企业的长期投资之后实现价值井喷，企业可以一直享受这种源源不绝的红利。但现在，高潜型人才面临"激励两难"，即人才在价值释放后，要么会受其他企业追捧，要么会获得价值变现（奖金、股权、期权兑现）而选择离开（去下一个平台、创业等）。面对这种尴尬，企业偏偏还无能为力，不给激励，人才就跳槽，给了激励，人才也会离开。所以，高潜型人才留给企业的都是一段"短暂的美好岁月"。

更让人无奈的是，高潜型人才也会出现"技能过时"，而成熟型人才也会出现"激励两难"。两种机制交叉在一起，更加速了人才生命周期的缩短。

除了这些，人才的职业倦怠期也以肉眼可见的速度缩短。根据穆胜事务所一个非正式的调研⊖，如图 3-7 所示，1990～2000 年，中

⊖ 2000 年前的数据是来自几方资料交叉验证的二手信息。另外，采用的样本信息多为穆胜事务所的客户企业，可能不符合随机抽样的原则。

国企业员工的平均职业倦怠期为 5～7 年；2001～2010 年，平均职业倦怠期缩短为 3～5 年；2011～2020 年，平均职业倦怠期进一步缩短为 1～3.5 年。一面是工作生活节奏变快带来的压力，一面是更加敏感的"90 后""95 后"大量进入职场，这些因素都导致人才在企业内的生命周期缩短。

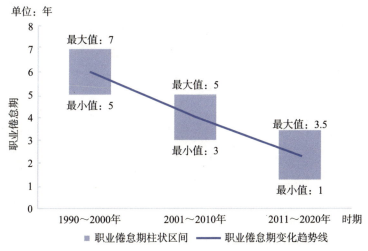

图 3-7　1990～2020 年中国企业员工职业倦怠期变化情况

资料来源：穆胜企业管理咨询事务所。

工业经济时代，类似日本企业推崇的终身雇用制可以解决很多问题，人力资源专业也相对简单，企业经营者自然不必多加关注。而现在，"人才队伍的稳定"几乎是不可能实现的，企业的人力资源实践犹如逆水行舟，不进则退，要么是人才队伍迅速衰落，要么是人才队伍"良将如潮"。这个因素已经在很大程度上决定了企业的生存，企业经营者不得不重视。这也决定了，HR 在人才队伍上必须频繁建仓、补仓，频繁换手^㊀。

2. 激励型人力资源战略的动态空间

采用激励型人力资源战略的企业，应该根据成熟型人才的生命周期来决定建仓和补仓的节奏，确保代际更替间产品或服务的标准化水平不受影响，相对平滑。激励型人力资源战略的动态空间，如图 3-8 所示。

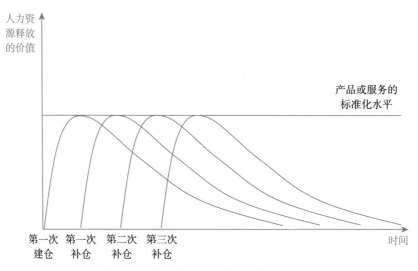

图 3-8　激励型人力资源战略的动态空间

资料来源：穆胜企业管理咨询事务所。

这类企业都应该有强大的招聘和周边职能，能够快速识别人才需求，快速补给人才队伍，快速实现人才整合内化，它们对人才的引入

㊀ 来自股票市场的概念。换手率也称"周转率"，指在一定时间内市场中股票转手买卖的频率，是反映股票流通性强弱的指标之一。这里意指在人才生命周期较短的情况下，要主动作为，让人才流动起来。

必须快、准、狠。这有点像汽车的挡位,最好是挡位切换之间没有顿挫感,形成"无级变速"的模式。

反过来说,这类企业最忌讳的是以下两点。

一是胡乱建仓。不少企业都有这样的经历,花了大力气找来行业里的大牛(成熟型人才),但由于自己没有想清楚要什么,大牛空降后迟迟不能有所产出,最后弄得双方都不愉快。企业觉得自己花了冤枉钱,而大牛觉得企业耽误了自己的机会,双方都觉得对方浪费了自己的时间。公平来说,这里的主要责任还是在企业一方。

二是感情用事。一些企业在引入成熟型人才后,没有意识到他们的技能会随着企业的发展而"相对衰退",用感情去规划未来,没有提前做好补仓的准备。真正等到发现问题,一切为时已晚,企业不得不承受因为人才短板而导致的产品或服务水平波动。

3. 赋能型人力资源战略的动态空间

采用赋能型人力资源战略的企业,应该根据高潜型人才的生命周期来决定建仓和补仓的节奏,确保代际更替间有源源不断的创新输出,不求平滑,但求此起彼伏。赋能型人力资源战略的动态空间,如图 3-9 所示。

这类企业拼的是人才培养和周边,能够根据企业的战略布局,前置性地储备人才,并运用各种手段进行高效培养,不仅让他们掌握足够的体系化知识,也让他们有逐步练手的机会,在实践中加速学习,它们对于人才的赋能必须厚积薄发。俗话说,十年树木,百年树人,企业要有长期主义的坚持,要在投入期坚定地看见未来。

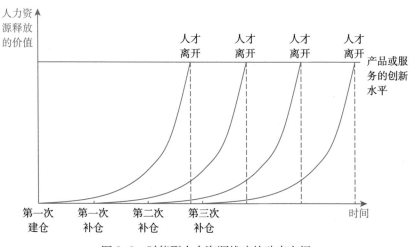

图 3-9 赋能型人力资源战略的动态空间

资料来源:穆胜企业管理咨询事务所。

反过来说,这类企业最忌讳的还是上面两点,只不过体现在了不同的方面。

一是胡乱建仓。这类企业仅仅在纸面上储备人才,动辄招入高、精、尖人才,并没有让人才对准战略的需求。这导致这类人才后期输出乏力,而人才在不能发挥价值时,自然也会选择离开,最后的结果就是双输。

二是感情用事。一些企业在享受了高潜型人才发展带来的红利后,没有意识到他们有离开的风险,依然用感情去规划未来,没有提前做好补仓的准备。等到人才大量流失了,一切为时已晚,企业不得不承受因为人才短缺而导致的产品或服务竞争力不足。

HUMAN RESOURCE EFFICIENCY

附录 3 A

小米：用股权激励绑定行业高手

小米公司由雷军于2010年4月创立，成立之初定位于研发"高性能发烧级智能手机"。当时智能手机制造市场竞争激烈，小米的国际竞争对手主要包括已经雄踞市场顶端的苹果、三星、诺基亚和摩托罗拉等，国内竞争对手则是同样发展迅速的中兴、华为、酷派、联想、OPPO等。

面对高手林立的竞争格局，小米采用低成本战略，通过控制SKU、降低次品率和规模集采等措施实现了产品的高性价比，得以突出重围。2011年12月，小米第一部手机正式网络售卖，5分钟售完30万台；2013年，MIUI全球用户已经突破了1000万；2016年10月，小米MIX发布，首次在业内引入了全面屏的概念……

2018年7月9日，小米正式在香港主板上市，股票代码为01810，以开盘价17港元定价估算，小米的市值为543亿美元。截至2020年12月31日，小米的市值上涨至1078.71亿美元，相对IPO日涨幅达98.66%。小米用了8年时间，营业收入从0增长至1000亿元，建成了世界上最大的消费级物联网平台，连接了超过1亿台智能设备，成为科技类企业中当之无愧的标杆。

小米用极短的时间取得上述成就，不仅应该归功于其战略选择，还应归功于其创始人雷军的人才理念——"最重要的是团队，其次才是产品，有好的团队才有可能做出好产品"。他甚至认为，"要找到最好的人,一个好的工程师不是顶 10 个,而是顶 100 个人"。

在创业的头半年,雷军 80% 的时间都花在找人上。为了找到一个优秀的硬件工程师,雷军连续打了 90 多个电话。为了说服此人加入小米,几个合伙人轮流和他交流,整整交流了 12 个小时。这种精神打动了不少优秀的人才,小米得以在创业之初就组建了一支强大的人才队伍,让有创业精神的人、专业领域最牛的人、学习能力超强的人和敢于挑战自己的人成了企业的"底色"。

这个阶段,小米的团队可谓星光熠熠:林斌是谷歌中国工程研究院的前副院长,有着丰富的软件开发经验,周光平是手机硬件领域的顶级人才,刘德在工艺设计领域更是顶级专家,他们助推了小米业绩的迅猛增长……

能够将这么多优秀的人才聚集到一起,小米的激励型人力资源战略功不可没。这种战略主张在人力资源经营的第一阶段发力,第一时间利用股权激励的工具将核心人才的命运与公司绑定。这样一来,就让这群最重要的人把成就小米当成大家共同的事业,也让他们真正成了公司的"人力资本"。除了给联合创始人分配一定数量的股权外,对于其他核心员工,雷军定制了一套"现金 + 股权"的薪酬模式,核心员工加入小米时的薪资结构,可以从以下方案中选择。

⊙ 正常市场行情的现金工资。
⊙ 2/3 现金工资 + 一部分股票。
⊙ 1/3 现金工资 + 更多的股票。

事实上，由于看好小米的发展前景，大多数核心员工都会选择后两种薪酬模式。通过股权激励，小米引入了很多顶尖人才。另外，这也在一定程度上缓解了初创企业资金流的压力问题。

小米授予员工的股权激励股份有三种：一是购股权（期权）；二是受限制股份奖励（限制性股票）；三是受限制股份单位（RSU）。其招股说明书显示，截至2018年3月31日，计划已授出而未行使的购股权和受限制股份单位涉及的B类股份总数约为25.13亿股，占上市前总股本的11%。小米在全球共计拥有14 513名全职员工，超过5500名（不含高管）员工都拿到了小米的股份，持股员工比例高达38%。按照小米上市时的543亿美元市值计算，员工人均持股价值至少百万美元，大部分员工基本实现了财务自由。

根据小米公开的股权激励方案内容显示，其股权激励十分"有情有义"。

⊙ 覆盖范围广：上市时，有超过1/3的员工持有公司股份。

⊙ 激励强度高：以购股权为例，行权价设定为0.03美元，几乎相当于白送。

⊙ 行权条件宽松：行权未设置业绩考核条件，只按照服务期限条件解锁。

小米的"普惠式"股权激励方案，如表3A-1所示。

表3A-1 小米"普惠式"股权激励方案

目的	将董事会成员、雇员、顾问及其他人士的个人利益与股东利益挂钩，激励该等人士做出杰出表现，使本公司能灵活激励、吸引及留用受奖励的雇员继续服务

(续)

激励对象	由董事会或董事会授权的委员会批准的员工、顾问、董事会全体成员及其他人士
管理机制	管理机制灵活，由董事会授权的委员会管理，针对激励对象的激励模式、授予时间、数量、行权时间、行权价格均由委员会来全权决定
行权价格	小米集团2018年中期财报披露，小米集团首次公开发售前授予的购股权每股平均行权价格为0.03美元，参考小米集团上市发行价（约2.80美元）
等待期	服务满一年即可行权，不设业绩考核条件
行权有效期	一般分为1年、2年、3年、4年、5年及10年，但最长不得超过10年
转让限制	除获得委员会批准外，参与者不得将因行使任何购股权而发行的任何股份或当中权益转让予任何与本公司竞争的人士或实体（由小米全权酌情厘定）

资料来源：小米招股说明书、年度财务报告，穆胜企业管理咨询事务所。

这些"有情有义"的激励充分展示了公司的诚意，而员工也用同样的工作热情回馈了公司。小米创业8年内部纪录片里有句话：小米员工"心里边儿会有一团火"。正是因为"这团火"，小米全员6×12小时工作，坚持了近7年，甚至一度不要求打卡，不设置KPI[⊖]……

2020年9月4日，小米集团在港交所公告了最新的股权激励计划：向对集团有贡献的人士授出共2.18亿份购股权，以认购股份，购股权持有人可按每股24.50港元价格行权。股权有效期长达10年。与此同时，中兴通讯原副总裁、原手机业务负责人曾学忠，联想原副总裁、原手机业务负责人常程等好手也陆续加入了小米。

显然，小米会将激励型人力资源战略进行到底。

[⊖] 当然，后续小米又重新拾起KPI考核，这也被外界认为是其在管理上走入的误区。但无论如何，实施这类看似出位的管理手段，也可以解读为是雷军对小米激励型人力资源战略的信心。

HUMAN RESOURCE EFFICIENCY

附录 3 B

海尔：让人人都是自己的 CEO

1984 年，张瑞敏接手海尔[注]时，它还是一个只有 600 人的街道小厂，由于经营不善，发不出工资，资不抵债，濒临倒闭。而后，张瑞敏用一种英雄主义的方式领导团队，抓质量，抓管理，海尔逐渐在市场上站稳了脚跟。如今，海尔已经是家电行业毫无争议的世界级巨头，而且仍然体现出极强的市场竞争力。

在发展的过程中，海尔源源不断的动力可能来自其多次的组织转型或管理变革，从 OEC 管理到市场链，从市场链到自主经营体，从自主经营体到小微生态圈……海尔持续输出了名为"人单合一"的原创管理方法论，力图激活组织和个体，释放人性的潜能。

无论如何改革，海尔一以贯之的文化始终是两条——"以用户为是，自以为非"和"创新创业"。用海尔高级副总裁、CFO 谭丽霞的话来说："海尔的每次改革，都围绕一个主题——把账算清楚。每个海尔人都应该知道，他们获得的收益，来自自己为用户创造的价值。"

进入互联网时代，海尔明确将自己定位为"智慧家庭解决方案提供者"，自 2012 年，它开始将"人单合一"推进到 2.0 模式。张瑞敏提出，海尔组织转型的目标是建设"投资驱动平台"和"用户付薪平台"。所谓"投资驱动平台"，是指把企业从一个管控型组织变成一个投资平台，不再有各种部门和事业部，通通变成小微团队，公司

[注] 前身是青岛日用电器厂。

与这些团队之间是股东和创业者的关系。当然,创业者要获得价值的认可,也需要吸引外部的投资。"用户付薪平台"是指创客的薪酬由用户说了算,从企业付薪到用户付薪,要求创客不仅要找到自己的用户,还要通过与用户交互去创造持续引爆的成长路径。总之,投资者和用户的客观认可,才是创客获得收入的唯二标尺。

实际上,海尔实施的是激励型人力资源战略,但不同于大多数企业的是,它选择在人力资源经营的第三阶段发力,即将激励的重点放到项目上。由于项目团队是由若干小微团队组成的,所以这类激励的逻辑是从项目到小微,从小微到个人。具体分配规则是:项目赚到钱,且小微达到了对项目的承诺,小微才能分钱;而小微赚到钱,且个人达到了对小微的承诺,个人才能分钱。

对于项目的激励,海尔做得非常精细。它利用一系列自主创新工具,搭建了一套战略损益评估体系,量化了小微的真实绩效,在此基础上,更设计出了一种相对平衡的动态激励机制,覆盖了项目从 0 到 1 再到 N 的创业过程。

- 第一阶段——这个阶段并没有生产出实际的产品,也没有任何市场反馈,员工只拿"基本酬",一般只有四五千元的基本薪酬(参考当地最低工资)。
- 第二阶段——当产品开始有了用户预约,并且达到了最初签订对赌协议时的目标和额度时,就表示项目越过"拐点",价值发生明显变化。此时,在"基本酬"以外,还会有达成既定目标部分的奖励,即"对赌酬"。如果产生了超过目标的业绩,还能获得"超利分享"，即"分享酬"。

- 第三阶段——当项目越过若干拐点，达到"引爆点"，即公司"有一定江湖地位"之后，创客可以跟投一部分，比如出资10万元占股20%，这时创客的收入除了"基本酬""对赌酬""分享酬"以外，还有作为股东的"分红"。

- 第四阶段——小微已经形成小的产业生态圈，商业模式相对成熟的时候，除了集团的产业基金可以跟投，还可以引入外部投资人，帮助企业做大、上市。为何这个阶段海尔仅仅跟投？这也是个聪明的做法，海尔希望用风投最苛刻的眼光甄选出最优质的项目。从利益上说，有天使期的入股已经能够保证海尔的收益。

这条改造之路的确艰辛，截至2014年年底，海尔集团只有20%左右实现了小微化，共成立了212个小微公司。这些刚刚成立一年甚至更短时间的小微，只有少数几个从无到有的"孵化小微"拿到了风投，其他"转型小微"大都还处于艰难摸索阶段。但之后，随着创客和激励机制的成熟和相互作用，小微开始"越冒越多"。截至2017年，海尔已经有40个小微（micro-enterprise，海尔将自己孵化出的企业叫作"小微"）获得了A轮以上的融资，走得快的更是获得了C+轮融资，这些融资完全来自外部风险资本。2017年，海尔孵化的雷神科技已经在新三板挂牌。

越来越多的小微"冒出来"，也倒逼海尔激励机制的优化和多样化，甚至出现了在项目启动时的天使期就直接由创客凑钱出资或引入外部风投的模式，而随着项目的发展，期权、期股等激励方式也开始被纳入。

这样的创业方式让不少有才华的年轻人有了释放才能的空间，但也让部分受不了压力、需要安全感的员工抱怨，更引起了部分舆论的非议。这些非议集中于海尔是不是在让员工"当炮灰"，借组织转型节约人工成本。

一个有意思的问题是，海尔在让员工进入小微和项目时，对他们进行培训了吗？答案是有必要的培训项目，但这些项目并不会以培养创业者（创客）为目的。张瑞敏说："想要培养创客，就好比说要'培养出野生动物'那样荒谬。大熊猫就是被圈养起来的野生动物，它们就失去了在野外生存的能力。我经常告诉员工，创业是让你们跳下悬崖，但这个不是蹦极，没有人把你们拉上来，而是要你们在下坠的过程中组装出一架飞机，自己飞上来。"

这样"放养"的结果是什么？根据统计，截至 2017 年，海尔平台上的创业成功率在 50% 以上。张瑞敏曾说："所有的创业都不可能永远成功……但海尔的创业和社会上的创业不一样，我们是有根创业，有各类资源的支持。我们的平台上，即便有人失败了，但项目不会死，会有其他人继续来做，所以项目的成功率很高。另外，创客可以失败，但他们可能在新的项目中找到位置。"

这和硅谷何其相似？硅谷之所以是世界创新的高地，就在于资源在生态里的循环。在硅谷，创业者并不是"炮灰"，死掉的项目里的技术、人员、资源变成肥料和沃土，滋养了新的项目，而创客也会在一次次尝试和失败中得到"重生"。

HUMAN RESOURCE EFFICIENCY

附录 3 C

中海地产：如何成为行业的"黄埔军校"

中海地产，1979年创立于我国香港地区，是一家拥有41年房地产开发与不动产运营管理经验的上市公司（股票代码：00688.HK，简称"中国海外发展"），业务遍布中国70余个城市及美国、英国、澳大利亚、新加坡等多个国家。

中海地产的盈利能力和信用评级均保持行业领先，并被连续10年纳入恒生可持续发展企业指数成分股。2019年，公司总资产达人民币7239亿元，净资产达人民币2891.45亿元，实现销售合约额3771.7亿港元（约合3179.9亿元），同比增长25.2%，净利润为416.2亿元，同比增长10.3%。同时，2020年其品牌价值更达1216亿元，蝉联行业第一。

中海地产能有这样的成绩，其强悍的人才队伍起了很大作用。多年以来，中海地产为中国房地产行业培养了大量高端人才，被誉为房地产业内的"黄埔军校"。万科、碧桂园、龙湖等头部房企中相当一部分高层及地区公司总经理均来自"中海系"。

由于人才质量名声在外，在2000年，万科还制订了专门针对中海人才的名为"海盗行动"的挖猎计划。曾有报道称，在万科20多个一线公司负责人中，高峰时约1/3源于中海地产。随后，大量房企加入了挖猎大军。龙湖挖走了颜建国、袁春、徐爱国等；碧桂园挖走了莫斌、吴建斌、朱荣斌等；世茂挖走了阚乃桂……但无论如何挖猎，中海地产似乎总是良将如潮,"挖不垮的中海"也成了行业的一个传奇。

万科前董事局主席王石曾在自传中透露,中海地产有严密的人才培养体系,许多优秀员工都是从最基层的工作做起,经过系列精细的产品制造培训,对成本和流程有非常深的了解。在中海地产成长为中高级职员的,几乎都是业内的佼佼者。

从2001年开始,中海地产就已经和母公司中国海外集团在内地连续启动校园招聘。2005年,中海地产正式将其校园招聘项目命名为"海之子计划",主要培养管理人才;2018年,中海地产又启动了"海之星计划",主要培养专业人才,具体有销售类、商业类、教育类、养老类。两类计划双擎驱动,为中海地产的持续成长源源不断地注入了"优质嫡系"。

在人才招聘标准上,中海地产重点锁定重点高校的优秀应届毕业生,并通过"资格"和"素质"两个维度对候选人进行全面评估。资格层面,中海地产关注在社会实践、特长等方面有突出优势的毕业生;素质层面,中海地产有自身研发的大学生素质模型,具体维度包括诚信品质、成就导向、学习创新能力、沟通组织协调能力、亲和力等。

两类计划并不以"招到人"作为终结,而是覆盖了人才在中海地产成长的全生命周期。以"海之子计划"为例,中海地产为"海之子"搭建了一条体系完善、兼具成就与挑战的"成才之路",其四个阶段如表3C-1所示。

表 3C-1　中海地产"海之子"人才成长的四个阶段

成才阶段	名称	时长	目标	配套手段
第一阶段	人才招聘阶段	1～2个月	解决未来公司培养目标的问题，严把选材关，是成长模型实现的前提	中海地产自身研发的大学生核心素质模型
第二阶段	启航磨炼阶段	4～6个月	主要解决文化引导与意识塑造的问题，是成长模型实现的基础	"海之子"启航班
第三阶段	系统培养阶段	18～24个月	主要通过指派导师，以提高专业素质，是成长模型实现的关键	导师责任制、志愿营活动、定期谈话、"海之子"工作坊
第四阶段	竞聘上岗阶段	6～12个月	通过评估，将达标的"海之子"在适当的时机推到合适的位置，让他们担当重任，是成长模型实现的标志	地盘/项目/部门经理资格考试

人才能够在上述轨道里实现快速成长，关键还在于中海地产在人才培养体系上的支撑。

中海地产拥有完备的讲师队伍，在内部聘有学院级和三星级以上讲师70余位。内部讲师也成了中海地产内部知识资源整合的强大力量，能够在各类项目中为员工提供阶梯式能力培训。

如果说讲师队伍是大多数企业的标配，那么中海地产在培训项目的策划和匹配上则称得上极度专业。它通过对内部员工进行极度细分，以求为各层级、各关键业务线的员工提供阶梯式增值能力服务，并适时评估人才发展的状态，力图规避人才层级与能力失衡的风险。例如，针对"海之子"员工群体，公司将根据个体的发展情况，让其在职业生涯的不同阶段进入"员工锤炼计划""经理研习营""领导力发展计划"等。当然，在每个专项的培训项目里，中海地产都根据受训者的需求，进行了定制化的课程体系设计，确保他们能有针对性地储备下一个阶梯所需要的知识、经验和技能。

除了针对"海之子"和"海之星"两类嫡系人才，中海地产也将招聘的非应届生纳入"海纳计划"，对这类人进行吸纳、改造、升级。另外，通过内部的"海无涯学习计划"，所有员工都可以获得充足的日常内部学习机会。这些学习场景包括部门级、公司级和跨区域级三个层面，每个层面由不同级别的内部星级讲师主持，并不定期地开展知识分享和头脑风暴。在2006年，中海地产员工平均每2.7个工作日，就能选择性地参加1次内部培训。

不难发现，中海地产是在以打造产品的投入来打造人才培养体系，而这种赋能型人力资源战略为其培养了一大批优秀人才。例如，现任中海地产执行董事及行政总裁的张智超就是从"海之子"计划中成长起来的。他是一位"80后"，也是总裁中最年轻的一位。类似"少将成名"的案例，在中海地产不胜枚举。更有意思的是，随着人才培养体系的成熟，"海之子"走上管理和领导岗位的时间也变得越来越短。据称，这个时间已经由几年前的4～5年缩短到目前的2～3年。

客观来看，中海地产的薪酬水平并不高，大约处于行业中等水平。但正是由于其人才培养体系的强大，不少应届毕业生愿意为了成长而放弃同行竞争对手的高薪选择入职。不得不说，这是中海地产赋能型人力资源战略的成功。

HUMAN RESOURCE EFFICIENCY

附录 3D

华为：以奋斗者为本的赋能与激励

华为由任正非在1987年创立,是世界先进的信息与通信技术(ICT)解决方案提供商,在电信运营商、企业、终端和云计算等领域都占据了头部行业地位。2013年,华为首超全球第一大电信设备商爱立信,正式问鼎全球。

2020年上半年,即使在新冠疫情影响和中美贸易摩擦的双重压力下,华为也实现了骄人业绩:营业收入4507亿元,同比增长13.67%;净利润431亿元,同比增长23.49%。2020年,华为在世界500强中排名第49位(其在世界500强的排名变化,如图3D-1所示)。

图3D-1 华为世界500强排名变化趋势图

资料来源:《财富》杂志、穆胜企业管理咨询事务所。

华为可以说是中国最没有争议的企业，其从0到1再做到世界第一，已经成了无数中国企业对标的模板。华为如此成功，其在人力资源专业上的先进理念功不可没。任正非对于人才的赋能和激励有很多独到的见解，精彩诠释了"赋能＋激励"的混合型人力资源战略。

任正非提到，华为成功的核心就是选对人、用对人。

华为的价值观是以客户为中心，以奋斗者为本，所以在人才招聘时标准非常明确。华为在选聘人才时主要考虑两点：企业需要何种类型的员工；岗位需要什么样的员工。企业在选择员工时重点关注员工与企业的匹配度，更多考查应聘者的态度、个性和兴趣，选择那些与其文化相配的人。从岗位需求的角度考虑，华为主要考查应聘者的"硬实力"，即应聘者的技能、经验和学历等。

根据网上公布的2019届校招薪资表，华为的本科生技术序列入职薪资标准为16千×（14～16），非技术序列为15千×（14～16），不输任何互联网公司，和同类型的手机硬件制造企业相比，薪酬略有优势。

人才招募进来以后，华为非常重视对他们的培养。华为2005年就挂牌成立了华为大学，将人才培养作为核心战略之一。华为大学的定位就是内部服务的BG[⊖]，它要向员工和管理者赋能、萃取公司的组织经验、管理公司的知识资产。任正非曾明确提出："华为大学要为华为主航道业务培养和输送人才，特色是训战结合，最终就是要作战胜利。这个目标似乎短浅了一些，但当前对于华为而言在转换管理中

⊖ 全称为business group，即业务群。

是迫切需要的。5～10年后怎么样，未来再讨论。"在这样明确的目的下，华为打造的人才孵化器，效率可想而知。

华为大学有三个著名的人才培训项目：后备干部项目管理与经营短训项目（简称"青训班"）、一线管理者培训项目（first-line manager leadership program，简称"FLMP"）和培养将军的"高研班"项目。这三个培训项目的课程设置层层递进，并不仅仅包括课程讲授，还包括自学、课堂、实战等环节。

在华为，基础知识培训、案例教学和行动学习都已经不再是最有效的模式，取而代之的是任正非所提倡的"训战结合"。所以这些培训项目的讲师都是最厉害的前线负责人，由他们来编教材、当老师。这些老师把培训课堂当作"前敌作战指挥部"，带领学员进行全真的实战学习。不妨以青训班（见表3D-1）为例，管窥华为的人才培养体系。

表 3D-1 华为大学"青训班"项目

赋能环节	概述
网课自学	学员通过自学初步掌控项目管理的基本环节和理论知识点
课堂演练	5天实践，模拟组建项目管理团队，采用一线真实案例进行模拟训练，辅以讲师点评，以达到"训练完就能上前线打仗"的效果
项目实践	走上战场，"脱岗"到一线交付项目中实践2个月，承担项目管理过程中的一个关键角色，并尽量安排学员跨岗实践
结业答辩	学员参与答辩评估，结业成绩由人力资源部门备案，为其日后岗位晋升提供参考

资料来源：中国人力资源开发。

除了人才招募与培养，华为的激励机制也很完善。如果说员工入职后，华为提供了略有优势的薪酬水平，并让他们在素质、知识、技能上飞速成长，那么，成长之后的优秀员工显然不能再用一般的方式来激励。任正非说得很直接："我们是摸着石头过河，没有理论基础。我们的激励机制主要有两个方面：一是不让'雷锋''焦裕禄'吃亏；二是集体奋斗。"

具体来说，员工入职前两年的收入以工资和奖金为主，第三年开始根据个人业绩考核情况和职级情况，同时享受股权激励政策。

先说奖金，华为是将项目制玩得炉火纯青的企业。它将冗长的企业流程链条切割为若干段，每段内都让合作参与者并联形成项目组，既最大限度共享信息，也最大限度共担风险。例如，在运营商业务里，既有前台的铁三角部队，也有中后台的PDT（集成产品研发团队）。每个项目团队都会按照整体收益的一定比例获得奖金包，而项目内每个角色又会由奖金分来决定其具体收益比例。这种分配逻辑让企业的收益公平地分配到了员工身上，初步让员工具备了"合伙人"的感觉。

再说股权激励，华为的员工股权激励是有基本条件的，必须是连续工作期满两年（从转正之日起）且职级在14级及以上的在职员工，而且前两个年度的年度绩效在B及以上且单个绩效维度不能有D，并且这两个年度没有受到公司的处罚。只有满足以上三个条件，才有资格。一般来说，对于优秀的员工，股票从第四、五年开始体现在收入上。

华为的激励机制设计因时而变，力图最大限度地激发员工积极性。最初，华为员工的收益是由工资、奖金和虚拟股收益三个部分构成的。

1998～2013年，华为主要的股权激励工具是虚拟股。虚拟股将员工和公司绑定为长期利益共同体，促进了华为业绩的迅猛发展。但是随着时间的推移，其副作用也越来越明显——形成了庞大的既得利益群体，他们无须奋斗，也有分红，导致了"躺赢"负面示范效应。

2014年以来，华为主要的股权激励工具换成了从国外引入的TUP（time unit plan），直译为"时间单位计划"。TUP本质上是一种特殊的奖金，是基于员工历史贡献和未来发展前途来确定的一种长期但非永久的奖金分配权利，不需要员工花钱购买。公司会根据部门业绩和个人绩效及配股饱和度每年分配TUP。

具体实施模式为：华为每年根据员工岗位及级别、绩效，分配一定数量的5年期的TUP，员工在周期内可递增获得相应的分红权，并在期末获得增值收益权。当然，5年后TUP也会清零。下面的例子直观说明了这种模式，假设某员工在2014年获得了5000股TUP，当期股票价值为5.42元，而2018年股票价值为6.42元，则其2014～2018年的分红与股票增值如表3D-2所示。

表3D-2 华为TUP收益计算规则

年份	分红	股票增值
2014	无	
2015	5 000×1/3 分红权	
2016	5 000×2/3 分红权	
2017	5 000×3/3 分红权	
2018	5 000×3/3 分红权	5 000×（6.42−5.42）

TUP的清零属性，不仅起到了激活部分"老人"的作用，也增强了华为吸引和保留优秀年轻员工的能力。一名优秀的员工，其级别与绩效自然会越来越高，其每年获得的TUP额度也会越来越大，所以，其在华为的"未兑现利益"会越来越大。这相当于一幅"金手铐"，让华为能够在与互联网新贵的人才掠夺战中依然笑傲江湖，不得不说是一个"妙招"！

HUMAN RESOURCE EFFICIENCY

第四章

人力资源战略地图：化战略为行动

人力资源战略只是一个主题和方向，还需要落地为具体的行动。但这个领域内，依然欠缺公认、实用、简单的工具，这直接导致 HR 与企业经营者之间难以沟通。这样的局面里，人力资源一把手[⊖]常常陷入尴尬——明明自己是这个领域的操盘者，老板却偏偏喜欢越级指挥。

公平来说，这里可能存在两个问题：一方面，HR 不懂业务战略，也无法制定人力资源战略，流连于自己选用育留的传统套路，难以推动经营；另一方面，企业经营者也不懂人力资源专业，他们忽视专业规律，像"下跳棋"一样指挥，最后往往都是不了了之。

在这个时代，笔者怀疑企业经营者和 HR 从未相互了解，从未达成共识。

老板到底要什么

再强的 HR 也挡不住老板的一句灵魂拷问——你们为什么不去做点战略性的事情？

什么是战略性的事情，不仅 HR 说不清楚，企业经营者也未必清楚。从终极目的上看，企业经营者一定是关心经营结果，却很少有人能说清楚人力资源专业如何推动经营。一个比较没有争议的说法是人

⊖ 这里指直接向企业经营者汇报的人力资源领域一把手，如 HRD、HRVP、CHO 等。

力资源实践带来组织能力，组织能力带来经营结果。但企业经营者又普遍对组织能力没有什么具体的概念。

当笔者请企业经营者解释什么是他们理解的组织能力时，对方通常回答："员工能力、积极性都不够，离企业的要求有距离。"笔者再问："您觉得应该如何改进？"对方描述了无数他认为 HR 应该做的工作，你可以说他指挥的所有工作都是对的，但始终没有用一个体系来构架，缺乏一个"主轴线"。换句话说，所有工作都是散点，没有协同，更缺乏交付标准。

1. 关注人力资源职能

无法达成一致的情况下，绝大多数企业经营者开始直接上手指导人力资源职能。

在他们看来，选用育留各个模块的运作水平都太差了：在招聘上，就不能引入更多的顶尖人才吗？就不能利用好猎头这个杠杆吗？就不能让面试官的水平更高一点吗？在薪酬上，为什么需要那么多的薪酬单元？为什么总是要增加人工成本？就不能把账算得更清楚吗？就不能让激励实现能者多劳吗？在人才培养上，为什么投入巨大？为什么产出有限？为什么不能像华为、阿里一样良将如潮？

于是，他们凭借自己的想象对专业进行指挥，肆意"凌辱"HR 上百年建立的专业尊严，似乎人人都是管理大师，都能点石成金，都能无限创新。但一个专业之所以存在，肯定有其规律，肆意践踏规律的结果，可想而知。

这类企业经营者大量存在，思考也相对初级。他们并没有发现人力资源实践与经营结果之间的关系，甚至也不清楚如何通过人力资源专业来打造组织能力，他们在本应属于 HR 的领域里翻云覆雨，更多是因为自己的"智力优越感"。但这很难改变，只有等待他们碰壁之后成熟起来，当然，成熟的代价就是浪费企业发展的大量时间和宝贵机会。除此之外，企业经营者的一番折腾也让 HR 的尊严和自信降到谷底，人力资源部门的公信力也降到谷底，企业的掌舵人亲手摧毁了人力资源专业这台推动企业发展的最大发动机。

2. 关注人力资源队伍

往上走一层，更高水平的企业经营者已经认识到人力资源队伍（人才队伍）与企业业绩之间的强关系。

2007 年，亚马逊创始人杰夫·贝佐斯在接受《哈佛商业评论》的采访时讲道："公司规模扩大的过程中，我大多数时候是在琢磨做什么，而不是怎么做。现在，我绝大多数时候是在考虑让谁来做，而不是做什么。所以，可以把这一转变看作从问'做什么'到问'怎么做'再到问'谁来做'的过程。随着业务的扩大，只有这一条路可以走。"

成熟的企业在战略盘点会之后都有人才盘点会。阿里创始人有个理念："我们公司越来越大了，对桌子、椅子这些资产每天盘一遍，为什么我们不对人盘一遍？人也是集团的资产，所以每年要盘一下，看一看有没有增值。"阿里的人才盘点来自 GE 著名的 Session C——每年 4 月或 5 月，GE 的 CEO 和人力资源高级副总裁将在 GE 的各个业务单元主持召开 Session C 会议，针对该管理团队的业绩表现和人才管理进行长达一天的人才盘点，内容很多，概括起来主要是如何基于业务搭建人才供应链。

这个层次的企业经营者不多，水平已经相当高了。他们清楚自己手中的人才有限，但战略都需要人才去落地，人才质量与分布决定了经营的水平。他们全力建设各类人才仓，并通过排兵布阵来支撑战略，以"田忌赛马"的思路来压倒竞争对手，无疑是有战略家的格局。

但另一类关注人才的企业经营者，似乎是打着这个幌子来"甩锅"。他们将呼唤人才的口号挂在嘴边，却从来不为人才队伍的搭建采取实质行动，甚至没有基于战略进行人才规划。他们一味畅想战略能飞多高，却从没有想过人才有限，一遇到业务发展的困境，就说"缺人才"。他们的潜台词似乎是——不是我的战略不行，也不是我不行，是我周围的人不行。

3. 关注人力资源效能

再往上走一层，顶级企业经营者关注人力资源效能。不仅因为这是组织能力的最佳代言，是人力资源专业支持战略、推动经营的支点，还因为人力资源效能是刚性指标，但组织能力却是虚幻而无法测量的。

这个道理简单，但是否认可这个道理却体现了企业家的段位。当今中国企业经营者成长于一个特殊的历史时期，相当一部分并不是通过自己的经营水平赢得江山，而是依赖三大法宝——胆子大、脑子活、路子野，外加一点老天给的运气。但真正的高手却看透了经营的本质就是人，他们不仅仅要求有强大的人才队伍，更对他们的效率（人效）格外重视，这种重视甚至达到了苛刻的地步。

先看一个华为的例子。

从1996年开始，华为在经营业绩的飞速狂奔之下出现了两种趋势，我们用一个双纵轴的图形来表示（见图4-1）。一方面，员工人数增长过猛，也就是图中上面一条曲线，对应左边的纵轴；另一方面，销售收入的增长也非常迅猛，也就是图中下面一条曲线，对应右边的纵轴。由于后者的增长实在太快，反映到人效上，其实是很优秀的数据（见图4-2）。但是，之所以说这个企业伟大，就在于它能够前瞻性地用放大镜发现自己的问题，并且用坐穿冷板凳的恒心去解决。任正非坚持认为这种增长用发展掩盖了问题，实际上效率不高，于是用了为期20年左右的时间进行若干管理变革，最终没有让两种增长趋势的"喇叭口"放大，而是让它们合拢，在销售收入继续迅猛增长的同时，员工人数的增速终于降下来了。这意味着，华为的人效进入了快车道，会迎来井喷期，它的后续发展还会越来越好。

再看一个阿里的例子。

同样用双纵轴来呈现阿里在净利润和员工数量上的增长表现（见图4-3），也可以发现其高成长的特征。尤其是，在2016财年以前，阿里的人效表现是非常优异的。2012财年，阿里共有21 930名员工。在这个时点，其创始人提出了业绩增长1倍的要求，各部门自然就根据业绩翻倍的目标做出人员需求计划，粗略统计至少增加12 000名员工。据说他坚决不同意，提出最多增加5000人。还有一个未经证

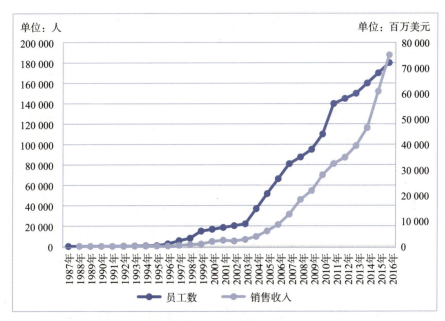

图 4-1　华为员工数与销售收入变动趋势图（1987～2016 年）

资料来源：吴晓波等，《华为管理变革》。

实的坊间传言是，阿里创始人提出如果今年没有实现业绩翻倍、员工增加超过 5000 人，包括自己在内的所有人一分钱年终奖都没有。结果，2013 财年阿里员工数反而降为 20 674 人，环比减少了 1256 人，减少了 5.73%；而 2014 财年阿里员工数也仅微增为 22 072，环比仅增加了 1398 人，增加了 6.76%。在这两个财年，阿里净利润和人效（人均利润）涨幅为 100%～150%（见图 4-4），让业界无不为之惊讶，这也为其后续人效的增长（至今依然处于高位水平）奠定了坚实基础。可以发现，正是这两年的努力，让阿里的人均净利水平长期保持在了 10 万美元以上。这是互联网公司的人效基线，业内甚至有说法，如果没有达到这种人效水平，就不配称自己为互联网公司。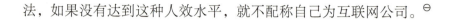

图 4-2　华为人均销售收入变动趋势图（1987～2016 年）

资料来源：吴晓波等，《华为管理变革》。

前面提到过，不仅是华为，海尔、阿里、美团这些优秀的企业，它们能够在红海搏杀中始终屹立不倒，甚至能够在产业的低谷期依然基业长青，背后都有一条优雅的曲线——人力资源效能持续提升。而它们对于人效的坚持，背后都是张瑞敏、王兴等掌舵人的执着，⊖ 更是他们超群的"经营哲学"。

⊖ 当然，随着互联网企业业态的丰富，这种标准在某些领域可能未必适用。例如，美团、饿了么等一些有大量线下人员的互联网企业，人效水平可能达不到这一标准。

⊖ 这并不代表这类企业家不关注队伍、职能。高段位企业家的思考逻辑是"向下兼容"的，换句话说，关注队伍的企业经营者，大多都会关注职能，而关注效能的企业经营者，大多都会关注队伍和职能。

第四章 人力资源战略地图：化战略为行动　131

图 4-3　阿里净利润与员工数量变动趋势图（2012～2019 财年）

注：1. 阿里的财年统计口径为 year ended March 31，即 2012 财年为 2011.03～2012.03。
　　2. 阿里 2017 财年净利润下降是财报统计口径的问题。
资料来源：阿里财报，穆胜企业管理咨询事务所。

图 4-4　阿里人均净利变动趋势图（2012～2019 财年）

注：图中采用人民币口径，未精确考虑汇率变化的影响。
资料来源：阿里财报，穆胜企业管理咨询事务所。

人力资源经营价值链

企业经营者只要经营的结果,但落到具体的操作上,他们对人力资源职能、队伍、效能各有关心。HR能给什么?传统武器是职能层面的"选用育留",但他们对于队伍和效能的影响乏善可陈。

这样的双方碰撞在一起,出现了两个结果。

一是要求队伍和效能的企业经营者失望离去,几乎放弃了HR。一提到要打造人才队伍,大多数HR总是用传统的招聘和培养模式来回应;一提到提升人力资源效能,大多数HR则总是进入削减人工成本和人员编制的套路。这种按部就班的动作不可能带来新的局面,企业经营者很难眼前一亮,与HR的对话自然是不了了之。

二是要求职能的企业经营者处处指点江山,HR疲于奔命。面对企业经营者诸多天马行空的想法,HR大多只能言听计从。于是,人力资源部跟着老板的指挥走,每年运行十几个千奇百怪的项目,从传统的"人力资源规划"到新兴的"员工援助计划",从创意类的"企业文化建设"到天马行空的"执行力建设"……HR累到"身体被掏空",结果换来的却是老板千篇一律的回答——"大家挺辛苦的,但还是没有达到我的要求"。"头疼医头,脚疼医脚"的工作方式,得到这样的结果是必然的。

这两类尴尬在以前是不存在的。以前,企业经营者仅仅要求人力资源部维护好企业内部的秩序,让金字塔组织有条不紊地高效运行,而HR选用育留的职能武器正是专精于此。可以说,双方是有默契的。

而现在，被环境逼急的企业经营者希望 HR 能够推动经营，在队伍和效能层面提出了要求，这是 HR 不擅长的，自然让他们陷入尴尬。

HR 在一顿忙碌之后，都会思考真正应该向老板交付什么。甚至，部分行业先锋 HR 也开始产生一个更加大胆的想法——"与其被动跟着老板的节奏走，不如我们引领老板的需求，回到自己的节奏？"

事实上，这也不是新鲜的话题，业界总在提"战略性人力资源管理"，但落到行动上，太多 HR 做的仅仅是"人力资源管理"，甚至是最传统的"人事管理"。HR 嘴上喊口号，但大多数人从来都没有想过要去探寻答案，直到承受巨大经营压力的老板开始倒逼他们创造价值。

要跳出困境，实现前文谈到的"战略性人力资源经营"，必须理解人力资源专业为企业创造价值的逻辑——人力资源经营价值链[⊖]。基于这个逻辑，我们才能用人力资源战略引领各项行动，人力资源战略才能落地。这个工具精准地呈现了从人力资源职能到队伍、从队伍到效能的完整价值创造过程，呈现了顶级企业经营者在人力资源专业上的思维方式。而 HR 如果能够驾驭这一工具，必然可以与顶级企业经营者同频共振，甚至帮助低段位企业经营者迭代升级。

人力资源经营价值链（见图 4-5）分为三个维度。

⊖ 笔者在 2014 年提出的观点，当时命名为"人力资源管理价值链"，可参见《定制你的人资"仪表盘"》，载于《商界评论》2014 年第 12 期；《HR 需要"效能仪表盘"》，载于《中外管理》2014 年第 7 期；《人力资源管理新逻辑》，2015 年新华出版社出版。

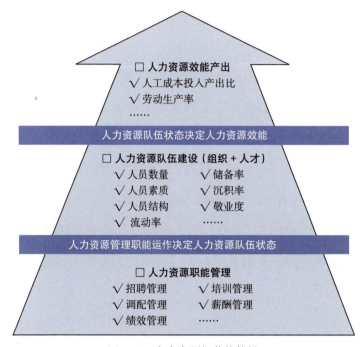

图 4-5 人力资源经营价值链

资料来源：穆胜企业管理咨询事务所。

第一个维度是人力资源效能。这一概念前文已经详细介绍过了，典型的人力资源效能指标有劳动生产率、人工成本投入产出比、人均营收、人均毛利等。为了真正实现"战略性人力资源经营"，我们应该将企业的复杂战略阐释为对于人力资源效能的直接要求，这是人力资源专业推动经营的"支点"。尤其是，我们必须要从宽口径人效里过滤出窄口径人效，这样才能找到真正推动经营的"支点"。

第二个维度是人力资源队伍，人力资源效能是由人力资源队伍状态决定的。衡量人力资源队伍的方式有传统的人员数量、素质、结构等，也有流动率、储备率、沉积率、敬业度等。队伍是持续输出效能的保障，人的有机搭配构成了一种可以自动进化的协作系统。因此，企业需要有清晰和长期的"建队思路"。

需要提醒的是，队伍状态不仅是组织（模式）状态，也不仅是人才状态，而是"组织 + 人才"的状态。当前人力资源业界的一个典型误区是，要么单独盘点组织，要么单独盘点人才（俗称"点人头"）。前者得到的是一个干瘪的组织框架，而后者则忘了人力资源这个要素是不能朴素相加的。相较之下，后者的误区尤其大。举例来说，是不是把五个NBA超级明星放入一个篮球队，就一定能够夺得冠军？显然不是，还是要讲排兵布阵的，人力资源需要放到组织模式里，相互之间需要产生"化学反应"。不仅如此，不少企业用传统的素质模型去做人才盘点，还引发了无限争议[⊖]。所以，我们应该把人才放到组织中进行盘点，盘点出综合的队伍状态。

第三个维度是人力资源职能，人力资源队伍状态是由人力资源管理职能运作来决定的。这就是我们在人力资源专业传统领域提到的几大模块或者几大职能，简单说就是"选用育留"。传统HR的工作大多都是在这个模板下展开的，更多是为了操作职能而操作职能，每个职能遵从标准化的方法，且相对独立，这是有问题的。正确的做法是，基于队伍构建的目的和思路，人力资源专业的各模块有序协作，共同输出一套整体的解决方案。

这个简洁的框架只是说明了基本原理，但企业的战略战术却各不相同。现实操作中，我们可以通过一系列的方法论，以终为始（效能

⊖ 被测评者和其上级都质疑素质测评结果的准确性。

→队伍→职能）一层层推导出每个层面的战略指向，例如，职能层面最主要的人力资源政策是什么，再如，队伍层面应该补给哪类人才。由于不同维度的战略指向之间都有逻辑传导关系，将其连接起来，就成了一幅完整的人力资源战略地图（HR strategy map）。

这有点儿像打高尔夫球。我们可以把最后的出球比喻为人力资源效能输出或人力资源的战略性支持。但这只是一个结果，驱动因素不是手上最后的动作，而是身体各个部位的协同。职业高尔夫球手应该做的，是打通这条发力的逻辑；HR 应该做的，是找到如何通过职能改变队伍，通过队伍输出效能的逻辑。

人力资源效能维度

人效既是支持战略、推动经营的支点，也是引领队伍建设和职能运作的方向。一方面，互联网时代变化无常，战略频繁调整是常态，人力资源专业自然应该随需而变；另一方面，人力资源队伍的状态和职能的运作又具有滞后性，能够提供调整的幅度是极其有限的。所以，HR 实际上是在两方面的约束条件之间寻求平衡，而这种平衡的结果就是确定人效指标。

1. 人效僵局

大量企业对于人效指标的理解相对粗浅，甚至盲目对标。殊不知，人效指标的不同，会导致人力资源实践的打法完全不同。例如，一个追求人均营收的企业，有可能会寻找精英人才，扩大经营规模；而一个追求人均产量的企业，有可能会控制人员数量，强化生产人员的操作水平。虽然道理很简单，但这样差之毫厘谬以千里的事情，却频繁发生。

在这个领域里，企业经营者和 HR 各有视角，缺乏统一的共识。企业经营者关注经营，能够说清楚他们需要的人效产出，即"分子"；HR 关注人力，能够说清楚他们关注的人效投入，即"分母"。但是，他们都不理解对方的立场，无法打通投入与产出之间的关系。

现实中，只有凤毛麟角的企业里会有老板与 HR 讨论一个战略周期内应该关注的人效指标，而大多数企业里，人效指标确认都是单向的。要么，老板定下人效指标，HR 只能被动接受，并从减少投入的角度去迎合老板的要求；要么，HR 定下人效指标，老板也不好打击他们的积极性，毕竟他们在努力创造价值。想一想，这么重要的指标居然是拍脑袋"拍"出来的，这种事情不可怕吗？这是大量企业的常态，它们表面上关注人效，实际上仅仅是用人效的口径来修饰自己传统的人力资源工作模式。

2. 判断标准

企业在一个战略周期内的人效目标（尤其是核心人效目标）只有经过一个严谨的过程才能被推导出来，在这个过程中，要考虑若干背景条件。总结起来，有如下规律。

规律 1——看产业阶段，初期关注营收，末期关注利润。

在产业的不同阶段，企业要最大限度地获取产业红利，获得生存的空间，因此应该关注不同的财务指标。初生期和成长期关注营收，企业需要扩规模、占地盘；成熟期关注毛利，因为市场格局已经形成，企业要回归理性；衰退期关注净利润，此时企业已经需要战略性退出了。这个规律是恒定的，企业不可能逆向操作。例如，在产业的初生期，企业扩大规模是最容易的，这就是一个"抢滩期"。如果不"抢"，多年之后市场增长停滞且已经被竞争对手瓜分完毕了，企业再要扩大规模就必须打败其他的对手，这个代价就非常大了。

规律2——看核心能力，微笑曲线两端的企业关注利润，微笑曲线中间的企业关注营收。

不同的企业有不同的核心能力基因，这个也不能随意改变，它们应该将自己的"长板"发挥到极致，并且变为财务指标结果。在研发、市场、品牌上有优势的企业关注毛利；而在供应链和生产上具有优势的企业关键在于上量，它们更关注营收或出货量。财务指标的结果实际上是核心能力发挥程度的表征，一旦这个指标有偏差，就会导致企业走向另外的方向，核心能力不仅不能发挥，还有可能退化。

规律3——看产品战略，差异化战略关注"利"，低成本战略关注"量"。

产品战略（竞争战略）意味着企业用什么样的产品属性脱颖而出，这种属性一定是强于对手的、不平庸的。低成本战略追求高周转、低毛利，关注周转速度；差异化战略追求低周转、高毛利，关注毛利水平。

规律4——看核心客群，面对高支付能力客群关注"利"，面对低支付能力客群关注"量"。

所谓核心客群，是指"灯塔客户"，这是客户群体中的核心部分，通过覆盖他们可以"照耀"周边的客户。从另一个意义上说，这个客群是企业的"大本营"或"票仓"，是绝对不能放弃的市场。企业如果关注对核心客群的维护，那么就应该锁定相应的财务指标。高支付能力客群的黏性是通过 ARPU（客单收入）来表征的，这代表购买深度；低支付能力客群的黏性天然较低，放弃产品很正常，企业要估算客群的自然流失率并建立一个庞大的客户规模。

规律 5——看建队思路，建队思路未成熟时主要关注人数，建队思路成熟时主要关注人工成本。

建队思路是指企业计划对人才队伍如何分工，每类分工上配置多少编制（量）或何种级别的人才（质）。试想，一个初生市场里的团队，他们并不清楚人才的价格，也没有明确的建队思路。在这样的情况下，如果控制人工成本，大多数团队领导就会把人工成本摊薄，招入更多的人来占据编制。大家的小算盘是，先占住编制，后期可以通过个体的提薪来占据人工成本空间。这种方式带来的结果是人才质量偏低，企业成长乏力。所以，在这个阶段应该首先控制人数，其次控制人工成本。反之，如果企业已经有了明确的建队思路，那么我们只需要控制人工成本，就能根据业务规模，控制队伍需要"长大几圈"。

3. 聚焦方向

以上述规律为标准进行判断后，可以明确宽口径人效。而后，我们还需要反复检验，以确认这个人效指标能够被控制且符合战略要求。在此基础上，企业可以进一步聚焦核心人才仓和北极星指标，找到窄口径人效。由于这一步过于复杂，此处不再展开，仅将聚焦宽口径人效的方法阐述如下。

（1）明确战略要素——从生意规律的角度看，我们究竟是一门什么样的生意？具体来说，即属于产业的什么阶段，具有哪些核心能力，主打什么产品战略，主攻哪类核心客群？

（2）锁定经营指标——考虑公司的上述战略要素，我们需要关注什么样的经营指标，收入、成本、费用还是利润？

（3）刻画人才队伍——针对这些经营指标，基于当前的约束条件，我们需要匹配什么样的人才队伍？

（4）描述人才队伍——针对这类人才队伍，明确我们的建队思路，应该从哪个角度控制人才队伍的建设？应该从人工成本的角度还是从人员数量的角度控制？

（5）检验1：抓手检验——如果由上述经营指标和队伍指标叠加形成人效指标，我们真的可以控制这些指标吗？

（6）检验2：战略检验——在上述人效指标的引导下，我们究竟会采用一种什么样的人力资源战略？它是否能够支持业务战略？如果不能，冲突在哪里，如何解决？即MOS模型中市场环境（M）的检验。

人力资源队伍维度

不同状态的队伍将输出不同的人效方向和水平，企业必须以人效目标为终点来打造人才队伍。任何企业的人才队伍都不是一蹴而就的，必然经历一个从无到有、从有到优的过程。但人才队伍建设的效率却很大程度取决于企业的"建队思路"。

1. 人才僵局

真正能够建立优秀人才队伍的企业寥寥可数，大量手握资金和资源的企业将一手好牌打得稀巴烂，它们的人才队伍永远在平庸里纠结。是企业没有建设人才队伍的决心吗？并非如此，大量企业在人才招聘和培养上一掷千金。君不见，市场上人才价格水涨船高，企业大学遍地开花，企业培训市场一直风风火火，甚至"知识付费"也成了互联网创业的大赛道……

其实，当一个企业极度有钱时，其智商反而有可能退化，因为对它来说每一次的选择太"廉价"了，选错了也感觉不到"疼"，自然不会有教训，也不会变得更聪明。在人才队伍建设上也是如此，一个企业在极度有钱时，通常会稀里糊涂地招入海量人才，并上马无数人才培养项目，美其名曰进行人才队伍"全面提升"。过于相信"大力出奇迹"的它们，投入最好的资源，但直到这类企业花完了最后一笔预算，也没有看到期待中的"良将如潮"。

另外，正如前文所言，在意气风发的企业经营者眼中，人才队伍自然也有无数的问题。于是，大量企业经营者越过 HR，亲自指挥各类人才队伍建设项目上马。但问题是，人才招聘需求不需要分析吗？人才培养项目不需要设计吗？现实是，任何不经过设计的培训项目，都会让投入的资源打水漂。

除了人才培养，排兵布阵（调配）也是一个隐藏的关键环节。企业手中的人才犹如扑克游戏中抓到的一副牌，"高手"总是能用最合理的方式出牌。但在现实中，能称得上"高手"的企业真的不多，蒙着眼睛做调配是普遍现象。

其实，上述问题都是现象。出现这些现象真正的原因在于，大多数企业从始至终都不明白自己的人才队伍究竟差在哪里，对人才队伍协作原理的理解更像一团糨糊。如果没有对这个问题达成共识，那么企业经营者和HR自然是各有各的理解，各自所做的努力也是隔靴搔痒，更何谈影响人效！形象点儿说，一个人肠胃有毛病，但你给他请了个价格不菲的按摩师，对着全身一通按，连脚底都按了，结果是该治的病没治好，不该有的病倒给弄出来了。

2. 判断标准

真正的人才队伍建设方案一定能精准诊疗，直指病灶。那么，如何判断人才队伍的病灶呢？总结起来，有如下规律。

规律1——相邻层级能力差距太大（一强一弱），效果极差。

这就是很多企业经营者的感觉，自己的认知在50楼，而下属的认知在2楼。与此同时，另一些能人下属，认知水平已经比领导高很多了，却还委屈在"屋檐"下。在上下级关系中，两个人如果能力差距太大，即使其中有一个人是天才，最后的效果也不如两个能力平庸的人。上下级协作中，同频共振是最重要的。横向协作中也需要同频共振，但还没有在上下级协作这种关系中重要。

这意味着什么？如果两个层级的能力不均衡，要先招聘或培养较差的那一级，减少差距。如果反过来，让强者更强，会让这种协作的效果更差。笔者的好多学员企业家一天到晚在四大商学院听课，和高手交流，掌握海量信息，认知水平飞速提升，但回了公司，命令出不了办公室，就是这个道理。企业家这样还好，如果是高管，一顿培训之后意气风发，回到公司一看四周的队友，顿感豪情壮志无处发挥，可能就一走了之了。结果是，老板付出了培训费，送走了自己的战友。

规律2——上一层级强于下一层级，好过下一层级强于上一层级，"将帅无能，累死三军"。

这是说，如果刚好碰上了上下级关系中两人能力差距太大，那么宁愿要一个高能力的上级搭配低能力的下级。如果下级太牛，请尽快把他提升上去，因为无论从效率还是从公平性上看，这种配置都是不正常的，对组织的破坏性极大。

规律3——不同专业分工（研、产、销、后台等）之间应该相对均衡，但可以有关键的长板，若长板与短板之间强弱差距过大，短板会成为拖累，效果不佳。

不从管理层级上看，而从职能条线上看，我们经常看到另一类不平衡，即职能条线之间的能力不均衡，要么是强大的研发部被弱小的销售部连累，要么是强大的销售部被弱小的生产部连累……遇到这种情况，赶紧补齐短板。当然如果没有明显的短板，那么就要发展一条明显的长板,让这个长板成为企业的核心竞争力。因为这个时候,长板的发挥会有一个坚实的基础,不会被弱小职能拖累。

规律 4——越是稳定期,越不需要强大的高层,做从 1 到 N 的事靠体系支撑,英雄锦上添花;越是非稳定期,越需要强大的高层,做从 0 到 1 的事靠英雄带队,体系加持放大。

这意味着企业要分自己的阶段。如果是一个从 0 到 1 的企业,那么挖人就一定要挖那种能够自建体系的人(英雄),这类人能把事情从 0 做到 1,周围实在缺少支持,他自己一个人就能把事做了。有的企业就掉进了这个坑里,从牛企高价挖了一个"大牛",却不知道这个"大牛"本来就是"体系球员",或者说是体系里的拼图,他不能做到企业需要的"无中生有"。

如果是一个从 1 到 N 的企业,就没有必要追求对方的动手能力,只要找到那种在成熟企业有经验,能够运用成熟体系的人就好。当然,如果他是个英雄,有动手能力,就更好了。

3. 打造方向

以上述规律为标准进行判断后,应该锁定"关键人才队伍(仓)"。因为企业资源有限,不可能面面俱到,大量的"全面提升"项目最终都会是走过场。真正制约效能输出的,就是局部的"关键人才队伍"。

在此引入"关键人才队伍"的概念,这个概念的范围比"核心人才仓"更大,主要指在调整后能够对人效产生显著影响的人才队伍。"关键人才队伍"有两类:一类是应该"补短板"的队伍,这决定了队伍的下限；另一类是应该"拉长板"的队伍，这决定了队伍的上限，这两类队伍也就是"核心人才仓"。

在确认了"关键人才队伍"的大方向后，企业还需要锁定"补短板"和"拉长板"的具体方向，具体步骤如下。

（1）专业盘点——哪个专业条线上有明显的短板？

（2）职级盘点——针对这个专业条线，应该从哪个管理层级入手进行强化？

（3）问题厘清——这个专业的这个层级究竟存在什么问题？

⊙ 边界（机构、职责、岗位）不清晰。

⊙ 人员和岗位不匹配。

⊙ 人员不够或冗余。

⊙ 人员素质不足。

⊙ 人员意愿不强。

⊙ 人员年龄老化。

……

尤其要提醒的是，千万不要"下跳棋"，在尚未明确队伍问题和解决方向时，就直接给出职能层面的方案。队伍层面的一个问题，可能有几个解决的方向，每个解决的方向上，又有几个解决方案。跳过队伍层面进行盘点，结果就是限制了思路，陷入了教条主义。

例如，我们盘点出某一个企业大客户经理团队素质不足，HR习惯性地认为应该进行培训。但是这种效果是缓慢的，而且这个企业并没有这么多的苗子可以培养。

这时，他们可以考虑两个思路：一是将大客户销售流程进行分解。原来仅有的几个能力强的大客户经理的时间被消耗在若干"伪销售线索"上，导致并没有带来足够的订单。于是，他们将销售流程进行了分解，设置了销售线索的收集和过滤环节。这样一来，能力较强的大客户经理可以直接面对高质量线索，将自己的特长发挥到极致。二是由 EMT（经营高管团队）成员下探一层，兼任大客户经理，认领承接几个大客户经理的任务。显然，这两个思路都与 HR 传统的思路不一样，却都有更好的效果。

人力资源职能维度

当锁定了建设"关键人才队伍"的发力点后，企业就应该通过人力资源职能运作来定向调整队伍。通过"选用育留"等手段，企业不仅要掩盖、弥补人才队伍的薄弱环节，还要凸显、放大人才队伍的既有优势，最终使得人才队伍能够以"田忌赛马"方式压制住竞争对手。

1. 职能僵局

以人力资源职能来建设人才队伍困难吗？的确困难，这需要"日拱一卒"的坚持，还需要长时间守望结果的耐心。但即使有了坚持和耐心，企业也不一定能得到理想的结果，关键的问题还在于大多数企业人力资源职能的低效运作。

招聘、培养、晋升、汰换等工具的规律和作用早已被管理学界和实践界验证迭代过无数次。按理说，有经验的 HR 各司其职，按照专业方式做事，自然就会有好的结果。但现实并非如此，HR 表面手握十八般武艺，但对于人才队伍的影响始终饱受诟病。

问题在于，HR 在发挥各种武艺的作用时，忽略了两个最重要的战略决策标准——资源和时间。HR 的想法是，既然专业不可置疑，那么按部就班一定能收获人才涌现的结果。但企业经营者可不这样想，他们看到的是 HR 投入无限资源，人才涌现遥遥无期。⊖仔细想想，企业经营者的这个想法很不可理喻吗？事实上，如果忽略资源和时间的限制，根本没有必要做战略，战略就是资源和时间的游戏。企业经营者难道不应该有战略思维吗？说起来，应该是 HR 缺乏战略思维吧，这才是人力资源职能运作无效的根本原因。

越看越不顺眼后，企业经营者直接下了个判断——人力资源专业也许就是这种属性，做不了大事，保障后勤即可。如此一来，他们倒是不催促 HR 出效果了，而是自己上手操作人力资源职能，另一方面，也就更不愿意投入资源了。

2. 判断标准

即使有优秀企业的标杆实践，人力资源职能的运作也不存在万能

⊖ 前面的内容里，我们从时间（横轴）和人力资源释放的价值（纵轴）两个维度分析人力资源战略，已经警告了大家那条长时间没有价值输出的"死亡曲线"。当我们再把资源投入这个维度加进去时，HR 的产出就更加令人尴尬了。

套路，十八般武艺应该在实战中灵活运用。考虑资源和时间的限制，我们可以基于 House 模型总结出如下规律。

规律 1——从人力资源专业体系的整体来看，没有好的组织构型（House 房顶）和评估系统（House 地基），支持系统（House 柱子）[⊖] 很难发挥好的作用。

大多数 HR 将注意力放在支持系统上，关注调配、激励、培养的传统职能模块。但这样一方面 HR 很难对经营产生影响，另一方面 HR 也始终做不到专业。其原因在于工作边界没有渗透到组织构型，难以影响经营，以及评估基础薄弱，难以支持专业。大量的企业里，HR 都应该在这两个方面补课，否则根本没有自己专业发挥的空间。但是，这两个方面的工作都需要投入大量的时间和资源，都是风险相对较大的变革。这让 HR 陷入了尴尬——不做等死，做了找死。

规律 2——从组织构型内部来看，越靠宏观维度越是"激进疗法"，越靠微观维度越是"保守疗法"，动作越大，收益越大，风险也越大。

组织构型自上而下包括经营模式、业务流程、组织结构、岗位系统。四个维度中，调整难度（所需资源和时间）自上而下逐步降低，效果明显程度也是自上而下逐步减弱，相当于风险与回报成正比。HR 可以选择"激进疗法"（例如流程再造），但这种模式下，HR 的身后必须有实权派的支持，因为组织构型的调整实际上是在调整企业内部的责、权、利划分，动静极大。HR 也可以选择"保守疗法"（例如岗位

⊖ 支持系统的调配、激励和培养三大功能支柱，其实就是人力资源传统的选用育留职能。

梳理），这种模式下，HR 的动作都在自己的职能边界内，相对可控。

规律 3——从评估系统内部来看，基于输出才能谈过程，基于过程才能谈输入。

评估系统包括素质评估（输入）、岗位（履职行为）评估（过程）、绩效评估（输出），评估角度各不相同，结果也有不同的应用场景，但评估系统的导入却有时间顺序。如果直接质疑一个员工的素质，多半会遭到强烈的抵触，所以，我们更应该先谈结果。而在有了结果的基础上，对于过程进行复盘也就自然而然了。有了结果和过程的信息，我们再对员工的素质进行盘点，也不会产生太多的争议。最怕的是有的企业直接就做素质评估系统，其模型再怎么精密，最后的结果都是鸡飞狗跳。短期内，夯实绩效评估的效果优于履职行为评估，夯实履职行为评估的效果优于素质评估。

规律 4——从支持系统内部来看，能先做调配的，不要先做激励；能先做激励的，不要先做培养。

支持系统中，调配是让人有机会干，激励是让人有意愿干，培养是让人有能力干，三类职能模块的作用机制各不相同，导入也有时间顺序。假如企业的组织构型和评估系统还算合格，支持系统就有了发挥的空间，此时，我们应该"先调配，再激励，再培养"。

调配是通过排兵布阵提升队伍的战斗力，并且具有一定的激励属性[⊖]，其作用立竿见影。在人岗适配的基础上，做激励才有可能释放出

[⊖] 无论是招聘、淘汰还是再配置，都是对任职者能力或绩效的一种反馈，显然具有一定的激励属性。例如，即使将一名员工平调到另一个同级别、同重要性的岗位，也会释放一种信号——"公司在用我，公司需要我"。

更大的影响力。通俗点儿说，再怎么激励一只火鸡上树，都不如直接找来一只猴子。

激励的作用很明显，但需要校准薪酬模块和几大评估系统，并且需要经过一个激励周期才能产生示范效应。直白点儿说，公司再怎么下文件悬赏，都只是一种口头承诺，迎来的并不是坚定的行动，而是一边观望一边行动。直到被激励者真正干出业绩（证明可能达成），且真正拿到公司发放的激励（证明承诺可信），周围的人才会被带动。在员工有了动力之后，培养才能顺势而为。因为在员工没有意愿时，大多培训都会被认为是"没必要、添乱"。

培养一般是在长周期内发挥作用，这个职能必须长线布局。如果真的等到急需了才去做，一来是人才的培养需要周期，不可能说有就有，二来是没有人才胚子、培养资源、培养经验等基础，可能会在风风火火之后无果而终。

规律5——所有的人力资源政策都应该考虑避开组织（MOS模型中的O）和系统（MOS模型中的S）的"大障碍"，但方向不能偏离。

所有的人力资源政策，只要是在打破现状，都会在某种程度上与现有的组织和系统环境冲突。对于"小障碍"，可以直接突破；对于"大障碍"，不是要放弃突破它们，而是要一面调整政策以便暗度陈仓，一面调整环境以便顺势而为，以此来获得更好的机会，这两类操作的意义都在于节约时间与资源。例如，某企业充斥平均主义文化，此时要强制推行绩效管理必然遭遇失败。我们可以采用"奖勤不罚懒"的方式来推行绩效管理，这样阻力会降到最小。但在这一过程中，我们也初步导入了绩效管理系统和绩效文化，而后就可以扩大赏罚的范围并直至全员。

3. 运作方向

以上述规律为标准进行判断后，应该锁定"关键职能动作"。实际上，企业是在考虑资源和时间两大限制后，在想做的（want）、需要做的（need）和能做的（can）之间取交集。

人力资源职能仅有几类，但具体的操作方法却很多。笔者尝试对所有的操作进行了全面编码（coding），尽量毫无死角地找到每一种操作方向，最大程度盘点了影响队伍的可能性。

基于这种盘点，企业可以明确一个战略周期内"关键职能动作"大方向，并进一步确定具体方向，具体步骤如下。

（1）方向厘清——明确应该在组织构型、评估系统还是支持系统上发力。

（2）方案选择——明确在上述选定的子系统里，应该向着什么方向进行具体操作。

- ⊙ 业务流程调整。
- ⊙ 组织结构调整。
- ⊙ 岗位职责明确。
- ⊙ 配置系统。
- ⊙ 激励系统。

⊙ 培养系统。

⊙ 素质评估。

⊙ 履职行为评估。

⊙ 绩效评估。

……

（3）时间排期——明确选定的具体操作中，哪些是"短波"内起作用，哪些是"中波"内起作用，哪些是"长波"内起作用。

人力资源职能维度里，就是HR的具体工作，而队伍和效能层面的目标，也仅仅是职能带来的结果。只不过，有了这两个维度的目标，会让人力资源职能的运作更加聚焦而已。

需要说明的是，在职能维度中具体工作分"先做"与"后做"，并不意味着"后做"的当期不需要启动，而是指当期内不以其作为"主力职能"，即"短波"内不起主要作用。HR既要考虑怎样的调整会起到立竿见影的效果，又要考虑从长远看如何进行布局。从这个意义上说，HR考虑的时间不应该仅仅是一个战略周期，还应该是竞争的终局；HR考虑的资源也不应该仅仅是当期投入，还有在企业整个生命周期里的投产比。

进化的方向与关隘

用上述三个维度的规律和方法依次梳理企业的人力资源经营工

作，我们就会得到一幅清晰的人力资源战略地图（参见附录4A"某餐饮连锁企业的人力资源战略地图"）。

现实中，如果HR能把这种战略地图与企业经营者进行分享，企业经营者会确认两点：第一，人力资源效能输出是很实在的，的确是基于战略方向，在推动经营；第二，这位HR很专业，思路很清晰，规划的每一个动作都不多余。于是，企业经营者会停止自己的"指手画脚"。道理很简单，HR都这么专业了，他还用得着多此一举吗？我们再次提醒，企业经营者都是实用主义者。不仅如此，在统一了思路后，他们也会毫不犹豫地释放有形资源（如预算投入等）和无形资源（如对于项目的关注等）的支持，让HR在后续的工作中有更多的筹码。道理也很简单，企业经营者是生意人，从来不会为算不清ROI的事情买单。

这里，进一步给出两点制定人力资源战略地图的建议。

原则1是"海量除冗"。一定将日常性事务与战略性工作分开，能用IT工具接管的，绝对不要把HR浪费在上面。HRD、CHO、HRVP的工作是确保战略性输出，即人力资源效能，而不是确保秩序稳定，那是基础要求。

原则2是"急功近利"。在以3年为周期进行人力资源规划的同时，要以1年为周期制定人力资源战略地图，企业资源有限，时间有限，痛点就在那里，一定要对痛点进行"饱和攻击"。要确保一刀子捅下去，能捅对地方，能见到血流出来。刀子是有效职能；捅对地方指的是找到关键队伍；血流出来是指有效能输出。

此外，可以用一个简单的方法来判定企业的人力资源工作是否具有战略性。每个 HR 都可以尝试将自己正在推动的人力资源工作分解为以下三句话。

- 我做了什么事情（人力资源管理实践）？
- 这些事情影响了哪个人才队伍的什么状态？
- 这类人才队伍的这种状态带来了什么样的人效结果？

如果 HR 从事的某项人力资源工作不能分解为这三句话，那么，它就不是战略性的。现实异常残酷，在笔者观察的大量样本企业里，大多数企业有 50% 以上的人力资源工作不具备战略性，这个指标在某些企业甚至达到了 80% 以上。

我们需要改变吗？当然。我们有多大机会去改变？目前来看，很难说。

其实，一旦导入了人力资源战略地图这一工具，我们就会发现技术层面的问题其实不是问题。笔者相信，一个企业的 HR 团队如果按照这个工具的体系逻辑，一点点推演、推敲人力资源工作的思路，必然可以提升人力资源专业的价值，也必然更能赢得企业经营者和业务部门的认可。但问题是，究竟有多少企业愿意往这个方向上投入精力和时间呢？HR 给出的答案可能会让人失望。

现实是，HR 愿意去接触一些前沿实践，这更多是出于一种害怕被时代抛弃、被老板和业务部门质疑的焦虑，但把这些前沿实践用到自己的企业，又是另一回事。前几章提到的理念，HR 会感同身受，但那毕竟是理念层面的事，认可理念并不需要成本，本章开始将理念推入实践的节奏，那又是另一回事。

这种局面完全可以理解。HR 在传统的人力资源管理套路上深耕多时，要切换到人力资源经营的轨道上，无异于离开舒适区，这是需要极大决心的。说到底，无论是 HR 实践者，还是传统学者，或是传统咨询公司，都在维护这个人力资源专业的舒适区。即使他们意识到这个专业需要改革，他们也宁愿选择保守疗法，而非激进疗法。但问题是，人力资源专业在传统模式上的小修小补真的可以应对时代变迁中的需求吗？冷兵器时代的刀枪棍棒真的可以面对热兵器时代的战火硝烟吗？

时代不会等待 HR 按照自己的节奏来进化，老板和业务部门也不会耐心等待。

HUMAN RESOURCE EFFICIENCY

附录 4 A

某餐饮连锁企业的人力资源战略地图

下面展示一个为餐饮连锁企业制定人力资源战略地图的实战案例。该企业基本情况及行业背景如下。

- 抢滩期市场，新兴的餐饮风口，"00后"消费者带起的餐饮时尚。
- 生意模式是标准化规模盈利，门店终端出货，中央厨房配货，原料产地直采。
- 在菜品配方上拥有一定的核心竞争力，"味道好"是用户普遍评价。
- 展店能力是制约企业发展的关键，"多店死"是行业里的典型现象。

某餐饮连锁企业的人力资源战略地图（见图4A-1）的推导逻辑如下。

在效能层面，扩地盘、做大市场占有率是当下要务，因此应该关注"营业收入"。另外，从营业成本上看，料、工、费三者中，只有人工成本相对可控，尤其原材料是中央厨房直接供应，企业也会考核出成率，这里并没有多大水分可以挤出来。展店所需人力资源并非高端，其单价固定，控制好"人数"即可。因此，效能层面应该关注人均营业收入。

在队伍层面，对于这个企业当前展店的要求，一个成熟品控体系下的人海战术是关键。所以，"品控人员+操作人员"是关键队伍，队伍建设自然分为两条线。一方面，品控人员不是数量不够，也不是素质不够，而是输出不足，也就是没有出活，因此笔者提出要让这群"精英精进"。另一方面，操作人员数量不足，导致企业看到了市场却打不下来，因此笔者提出要"打造铁军"。

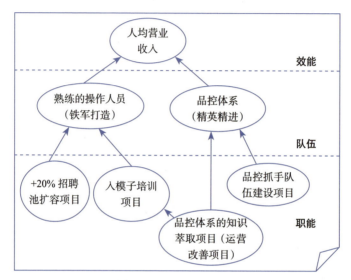

图 4A-1　某餐饮连锁企业的人力资源战略地图

资料来源：穆胜企业管理咨询事务所。

在职能层面，笔者仔细分析了操作人员不足的原因。这个企业的招聘能力非常强，雇主品牌也很亮眼，却在两个环节出了问题。其一，人才招募工作不顺利，市场上很少有人接招。原来，总部为了确保人才素质，强行提高了招聘门槛，但薪酬却没有任何变化。其二，好不容易招来的新人留不住。原来，该企业招入了操作人员后，并未给予新人足够的支持，而是直接将其抛到岗位上。展店的工作本来就繁重，再加上没有方法，新人自然是两眼一抹黑，事倍功半，撑不下去就会离职。

针对这两个问题，笔者确立了两个项目：一个是"+20%招聘池扩容项目"，另一个是"入模子培训项目"。

针对前者，笔者要求 HR 针对劳动力市场的性价比进行再调研，一方面降低这类实用性人才的招聘标准，另一方面增加薪酬、福利和工作环境等方面的吸引力。总之，要让自己企业的职位性价比高于行业平均水平 20%。为什么是 20% 呢？因为笔者做过测算，大量的实用性人才是被这个企业的高招聘要求吓走了，只要按照上述方式稍微上调性价比，就可以吸引大量犹豫不决的应聘者，招聘池里的待选人员可以增加到 50% 以上。

针对后者，笔者要求 HR 驱动业务部门，联合打造一套"入模子"培训课程，并同步建立讲师体系。在课程、讲师等各类资源到位的同时，打造出这个培训项目运作的 SOP（标准作业程序），确保各类资源在 SOP 中高效落位，最大程度缩短人才培养周期。以前，该企业的入模子培训并未进行标准化，课程、讲师、效果评估都没有标准，各个部门的老大随便来讲讲就算是培训了，还有给操作人员讲宏观战略的。实际上，对于这类操作人员，讲什么、不讲什么、怎么讲都是有讲究的，而这显然应该是人力资源部给出标准。

品控人员的问题可能更加复杂。这个企业的品控人员队伍早就按照编制配置到位了，人员的选拔标准也很高，但他们对于一线的支持力度是很有限的。他们认为自己已经履行了"赋能"的职责，但一线却认为"诸多业务都只有靠自己去摸索"，甚至认为品控部门变成了锦衣卫，只会说"这不行"，不告知"怎么办"。

　　针对这一问题，本来应该要求品控部门完善自己的知识体系，进行更加全面的知识萃取，但人力资源部作为平行部门，如何驱动另外一个强势部门？为此，笔者启动了一个"运营改善项目"，人力资源部通过HRBP（人力资源业务合作伙伴）洞察"改善点"、发现标杆实践、提供知识萃取标准，而后，品控部门用自己的专业挖掘标杆实践，并将其编码为可以传播的方法论，最后，人力资源部通过自己遍布各个门店的讲师队伍，将这些方法论往下传递。相应地，这些培训讲师身上也多了一个"品控师"的身份。最后的结果是两个部门双赢，但双方之所以能走向协作，实际上却是因为人力资源部巧妙地搭建了协作的逻辑底层。

HUMAN RESOURCE EFFICIENCY

第五章

人力资源效能仪表盘：量化人力资源经营

人力资源战略地图将人力资源战略展开为具体的工作思路，由此，一个"大方向"变成了若干"具体方向"。但即使严格参照人力资源战略地图往这些"具体方向"走，人力资源实践的产出也依然是未知的，一定程度上还需要凭借 HR 的"手感"。这显然不是我们期待的最佳状态，人力资源专业依然不是一种能够量化的"科学"。成熟的企业会基于人力资源战略地图，将其中每个环节的状态刻画为指标和数据，并以数据之间的强因果逻辑来精准控制人力资源实践（职能层面的动作），确保最终的人力资源效能输出。

此外，人力资源战略地图是依赖逻辑推演得出的方案，现实中，地图中的具体作用关系真的存在吗？真正成熟的企业也会极度依赖数据做判断。事实上，企业越能依赖数据做判断，拥有的决策优势越大。

在人力资源专业发展的历程中，"定性"多于"定量"一直是硬伤。但是，HR 也从未放弃过量化人力资源专业贡献的努力，把人力资源实践的产出数据化，是他们主张自己专业性的最大筹码。在人力资源专业的价值日益受到质疑的年代，获得这个筹码的需求变得异常迫切。根据穆胜事务所发布的《2020 中国企业人力资源效能研究报告》，45% 的企业已经设有人力资源数据分析职能（包括兼岗），44.8% 的企业已经开始基于人力资源数据进行决策。

当前的现状是，各大流派都在尝试数据化人力资源专业，但由于底层理念千差万别，反而让这个领域如雾里看花。如果我们确认人力资源经营是大势所趋，如果我们确认人力资源效能是价值输出，那么，对于如何量化这个领域，我们可能有不一样的答案。

数据化人力资源专业的陷阱

当 HR 开始通过数据分析来寻找创造价值的方向时，他们会发现，并没有一个如财务领域的会计准则一样的标准。前辈发展出的各个流派纷繁复杂，反而让自己迷惘。但现在，随着各个流派的竞技，随着商业逻辑的展开，我们似乎可以对一些流派说"不"了。

1. 不应走向人力资源会计

人力资源会计是美国学者赫曼森（R. H. Hermanson）在 1964 年率先提出的概念。这个流派将员工的成本和价值按照资产来处理，认为这是会计准则忽略的"表外资产"，即资产估值（如二级市场上的股价）与资产净值之间的差异。这种方法通过计量企业为获得人力资产的成本投入（招聘、培训、薪酬）和人力资产带来的产出来反映人力资源专业的贡献。

但这存在两个问题：一是将招聘、培训、薪酬等费用投入做资产化处理，导致了会计造假中典型的"费用资产化"，说白了就是将"消耗"算作"沉淀"，有虚增资产、自说自话之嫌；二是投入便于计量，但产出却难以计量，企业的绩效产出是各类资产综合作用的结果，这是一个非线性的过程，人力资源（资产）的贡献显然难以分离出来。

另外，人力资源真的具有资产特性吗？现实情况是企业对于人力资源的"拥有"只是暂时的，员工仍然掌握了人力资产流动的主动权。2009～2010赛季，著名足球运动员罗纳尔多（一般称C罗）从曼联转会到皇马，转会费为9400万欧元（约合7.5亿元）。的确，曼联对于C罗的人力资产投资获得了丰厚的回报（这还不包括曼联在人力资产存续期间形成的收入）。此时，对于这种昂贵的、特殊的人力资产进行人力资源会计的计量显然是必要的。但是，在现行劳动法律法规的规制下，对于普通的人力资产，企业难以规定相应的"转会费"或"违约金"来进行保护。员工说走就可以走，企业千万别把人才当作沉淀。

可口可乐老板的那句话似乎是所有HR的格言，"拿走我的一切，只要还有员工，我可以再造一个可口可乐"。但事实上，员工并不是资产，大家对那句话也有误读，宝贵的是可口可乐沉淀下来的组织能力，而不仅仅是员工。可口可乐的组织能力来自多年知识管理后的沉淀，正因为如此，每个人才的离开都不可能带走它的竞争力。这可能是人力资源资产化⊖的第一条路。

在互联网商业时代，在更多的连接可能性里，人力资产的流动会愈演愈烈，员工实际上是在为自己打工。笔者整理了智联招聘的数据（见图5-1），自2015年开始，员工离职率迅速上升。如果没有激励

⊖ 这里是指向人力资源会计所谓的"资产"概念靠拢，而非我们前面定义的"人力资产"，下同。

机制上的巧妙设计，企业与员工之间会日益走向一种标准化的外包关系（outsourcing）。问题来了，你见过哪个企业把外包商的资产算作自己的"拥有"吗？

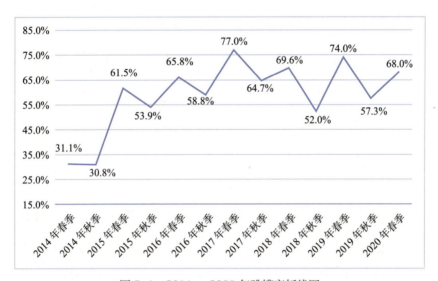

图 5-1　2014～2020 年跳槽率折线图

注："跳槽率"取自《智联招聘白领跳槽指数调研报告》，等于"收到录取通知，正在办理离职或入职"和"已更新简历，找工作中"两种状态的人占有效回收问卷数的比率。
资料来源：智联招聘，穆胜企业管理咨询事务所。

要让员工变成资产，除非他自己有实实在在的资产投入。说白了，要么员工与企业之间相互借债㊀，形成债权关系；要么员工投资入股㊁，形成股权关系，这就是平台型组织的薪酬逻辑了。这可能是人力

㊀ 员工可以借公司的资源来开展经营，公司也可以借员工的人力来开展经营。前一种情况下，员工是债务人，后一种情况下，员工是债权人。但无论哪种情况，项目经营的结果，都与员工的利益深度相关，或者说，项目失败员工有相当的损失。
㊁ 员工以人力来进行投资，获得公司或公司项目的股权。

资源资产化的第二条路。但现实中，有几个企业是平台型组织？

说白了，对大量企业来说，人力资源会计可能只是"想象中的可能"罢了。

2. 不应走向人力资源审计或成熟度模型

人力资源审计是英国学者罗斯在其20世纪30年代所著的《管理审计》一书中提出的理论，其倡导以职能部门评价和业绩评价为核心的管理审计。20世纪90年代以后，这个领域在国外才开始得到独立发展，人力资源审计也应运而生。21世纪初，理论界开始关注人力资源审计。

人力资源成熟度模型（people capability maturity model，P-CMM）是美国卡内基－梅隆大学在1995年提出的理论，其将企业的人力资源管理状态定义为五个等级，强调企业应该对照评估结果，推动自身从低级向高级进化。显然，这所世界名校浓厚的计算机学科背景在这一理论中得到了充分体现。

人力资源审计和人力资源成熟度模型的思想是一致的，即信奉通过执行标准化的流程能够提升人力资源专业水平，带来更高的组织绩效。反过来说，审计一个企业对于标准化人力资源实践流程的执行程度，就能衡量其人力资源专业价值。客观来说，成熟度的概念颇具吸引力，这一流派的理念也在诸多企业中得到了广泛应用。

但这仍然不是一种可靠的方法。执行某种流程与组织绩效之间并无直接关系，更像是一种必要非充分条件，某些时候，甚至根本不算必要条件，大多数时候，"规定动作"并不奏效，看似混乱的人力资源管理也可能带来高组织绩效，Netflix、Redhat 等企业都是典型。原因是什么呢？商业逻辑已经变了，不再是按部就班的工业经济逻辑了，所以，人力资源专业不能再执着于管理模式，执着于让员工变得规范的秩序（House 的支柱），而应该参与到商业模式中，甚至设计让员工释放潜能的组织构型（House 的房顶，商业模式在最顶端）。

张瑞敏有个精彩表述，即管理模式和商业模式之间有区别，管理模式不具有"因果的调节效能[○]"，也就是说，不能把为用户创造的价值和企业获得的利益（外部绩效）连接到一起。TQM（全面质量管理）、六西格玛都能保证产品出色，但不能保证企业获利。在新的时代，HR 更像是需要构建一个从管理到产出的连续逻辑，参与到商业模式的设计中，而不是只做好自己那份职能工作。

事实上，现在的商业模式设计越来越要求内部人力资源专业上的创新。例如，海尔正在推动的人单合一双赢模式，很大程度上就是一种高级的人力资源专业设计。再如，华为早就进行了以 IPD（集成产品研发）、ISC（集成供应链管理）、IFS（集成财务管理）等系统为核心的流程体系，但它不止于将这些流程作为管理模式，还将这些系统打通，变成了一种形成"端到端交付"、创造客户价值的商业模式。在这一过程中，人力资源专业的参与功不可没。没有人的润滑，流程就只是一些文档。

幸运的是，HR 已经成为企业制胜的关键；不幸的是，他们自己还未发现自己的重要性。当然，HR 如果意识不到自己要做什么，

○ 此处的"效能"不同于本书的其他"效能"，可以理解为一种"必然的驱动力"。

CEO会自己来做这些事情，这也是大多数人力资源专业创新中没有HR身影的原因，而创新的结果也被冠以更颠覆的"组织变革"之名，实际上，那就是企业经营者领衔主演的人力资源专业创新。

3. 不应走向狭义人才盘点

这是近年来比较火的一个方向，很多企业反复强调"人才盘点，摸清家底"。但笔者不得不说，这个方向也许是走入了歧途。前文已经提到过，人才的确是企业制胜的关键，却不是唯一。人才是原料，必须放在组织模式（经营模式、业务流程、组织结构、岗位系统）中才能产生组织能力和组织绩效。正如有的NBA球队明星云集但战绩糟糕，而另一些球队明星不多，蓝领球员不少，却战绩优秀。NBA术语把两者的区别称为"球队有没有发生化学反应"，其实就是指组织模式有没有使人才形成"合力"。狭义的人才盘点更像是"点人头"，其忽略了组织模式的作用，仅仅粗放地盘点人才的数量、质量和结构，却忽略了管理幅度、管理层次、人岗适配、岗位激励适配、组织决策速度、人才流动渠道等有关"模式"的因素。

举例来说，你盘点出公司有多少博士、硕士、本科生，或者盘点出公司多少人有各级职称、各级职业技能，有多大意义？有什么人力资源政策能够针对性地进行人才队伍升级？所以，笔者常常开玩笑，把A公司和B公司的人力资源规划中人才盘点的部分保留，人才措施的部分互换，它们仍然是两份逻辑畅通的文本。事实上，好多咨询公司的方案就是这样做的，人才措施的部分大同小异，无非在A公司叫作"五大人才工程",在 B 公司叫作"七大人才举措"。

为何会有这种荒谬的结果?因为这种盘点是片面的,根本没有呈现出两支队伍的不同状态!措施自然也只能是万能钥匙!举个例子,在游医的眼中,所有男人都要补肾,所有女人都要补血。再举个例子,在足疗技师的眼中,所有人都"湿气重"。

除了"点人头"外,还有一种倾向是盘点员工行为。按理说,员工行为是人才和组织模式交互的结果,这内隐地说明了组织模式的状态,是一种非常明智的做法。例如,休斯理德等人在他们著名的《员工记分卡:为执行战略而进行人力资本管理》一书中,开发了员工成功、领导和员工行为、员工素质、员工心态与文化四大维度的计量方法(见表 5-1)。其中,员工成功是最终的结果,而其他维度的测量都有异常明显的"行为特征"。

表 5-1　员工行为相关的盘点维度

维度	描述
员工成功 (workforce success)	员工是否达成了业务战略的关键目标
领导和员工行为 (leadership and workforce behavior)	管理团队和员工是否持续地表现出了能引领达成战略目标的行为
员工素质 (workforce competencies)	员工,尤其是关键岗位的员工,是否拥有足够的技能去执行战略
员工心态与文化 (workforce mindset and culture)	员工是否理解和拥抱战略,是否拥有一种支持战略执行的文化

资料来源:马克 A 休斯理德,布赖恩 E 贝克尔,理查德 W 贝蒂.员工记分卡:为执行战略而进行人力资本管理[M].吴雯芳,译.北京:商务印书馆,2005.

但笔者要提示的风险是,员工行为依然是一个不够精准的人才盘点标尺。不少企业崇拜阿里的六脉神剑,认为价值观基础上的行为分级(行为锚定法)是有力的考核指标,也能盘点出队伍状态。但稍微有操作经验的人就会明白，这种考核是缺乏颗粒度的，无法清晰地分离人员的状态。再说直白一点儿，如果"客户第一"有五级行为，大多数人在一两次考核之后，一定会稳稳地留在三级（刚好及格）。于是，考核神器就变成了摆设，基于考核结果的人才盘点更是失去了意义。有些企业强行把这部分作为常规考核指标，更会让企业的绩效管理系统崩塌。

其实，阿里运用六脉神剑更像是一种导向，而非标尺。但盲从的人似乎只看到了高手的"招式"，而忽略了人家的"心法"。

数据化人力资源专业的方向

佛教里讲的"发心"，是指你做事的出发点，发心若正，就可能有福报。在人力资源专业上，也是这个道理。使得工作数据化，面向企业经营者和业务部门体现自己的价值，应该是 HR 最后考虑的；如何对业务部门形成战略性支持，才是 HR 应该有的"发心"。

如果秉持这种"发心"，数据化人力资源专业就不应该按照上述流派的思路，要么虚构一种对经营的影响，要么脱离经营构建"专业王国"来谈论自己的价值。对于人力资源专业的数据化应该围绕人力资源经营价值链展开，呈现的应该是如下几个方面的数据。

1. 连接财报，反映效能

在互联网时代，人力资源专业的边界会逐渐扩张，甚至直达

House 的最高层，对商业模式产生影响。此时，人力资源管理已经走向了人力资源经营，必然可以影响财报。

如果承认这个前提，人力资源专业的数据化就必然围绕人效展开，HR 用所谓专业构建出来的舒适区被清理，从此走上了一条"硬核之路"。这种路径上，企业经营者基于经营来倒逼人力资源实践，要求 HR 用没有争议的语言——财务报表来沟通。实际上，不能进入三表（资产负债表、利润表、现金流量表）的所谓"人力资源专业贡献"，企业经营者不会认可。

当然，这不是要让 HR 去替代财务部，或者充当一个类似咨询公司的经营部门[一]，而是要 HR 用财务口径去证明自己作为"组织发动机"的价值。如果说人力资源是一门生意，人均营收、人均利润、人工成本投产比、人工成本报酬率等效能指标才是企业经营者关心的。更进一步说，HR 要让企业经营者看到能够驱动上述宽口径人效的窄口径人效（核心人效），如 A 类销售人员能够带来的有效业绩增长。这可能会让 HR 感觉到压力，但连接这些指标，并证实自己能够影响这些指标才是正途。

现实中的障碍不仅在于对指标的理解，还在于对数据的累积：一方面，HR 大多不掌握财务数据，甚至对财务数据根本不关心；另一方面，即使在人力资源这个老本行里，大量 HR 也没有进行过精细分

[一] 实践中，大量企业都会走入这种歧途，尤其是一些做内部核算或阿米巴的企业。这类企业都忽略了一个道理——如果人力资源部作为一个内部的垄断供应商，不管怎么议价都不公平，其所谓"创造的价值"不会受到认可。

析。如果编制和人工成本是这门生意的投入，那么这些投入结构分布是怎样的？工资性支出、准工资性支出、周边支出、福利各自的占比是多少？另外，这些投入分别进入了哪些人才仓？高层、中层、基层？研发、生产、销售？由于缺乏这类数据，HR 会对指标失去感觉，因此无论怎样讲述指标的逻辑，都很难引起共鸣，更不用说将指标进行灵活应用。

随着互联网时代的到来，我们可能有机会借助时代的大势解决这个问题。随着越来越多的企业开始数字化转型、整体上云，企业内的业务流、人才流、资金流极大程度地被数据化并沉淀为数据仓。这些趋势让 HR 得以酝酿数据感觉，并在人效指标的设计上有所作为，并以此为基础来牵动队伍和职能维度的数据化。

跟上时代的 HR 应该告诉老板："本年，我们的人工成本投产比已经提升了 20%。这有两个原因：第一，新一轮的子公司经营管理人员调整后，新到位人员的经营业绩普遍提升 30%，相对未调整人员的业绩提升高了 24 个百分点，成为公司业绩的重要增长极；第二，在业务规模上升 25% 的前提下，我们的人员数量、人工成本的上升都控制在 15% 以下，相比往年同样的业务增长规模（25%），人员增长率下降了 8 个百分点。"

这才是与企业经营者共舞的节奏。

2. 呈现人在组织构型中的分布

传统的错误假设是，人的一切状态都将影响绩效。事实上，"从人到人力资源效能"的过程是以组织构型（organization architecture）为介质的，其包括业务流程、组织结构、岗位系统等维度，确定了"什么员工应该在什么地方发挥什么作用"。换句话说，HR需要把人放到一个组织中，查看其个人特征对于其他个体的影响和对于战略的影响，而不是孤立地评价个体。后面一种盘点方式，秉持的正是工业经济时代把人当"人肉零件"的理念，显然已经跟不上时代。

我们常见的一个误区是喜欢盘点表面数据。例如，盘点公司员工的平均年龄就很无聊，一个平均年龄为45岁的大企业并不一定是没有活力的，有可能它的50岁以上的员工很多，而这些员工分布在闲职上（企业的"换血计划"进行的调整），这拉高了平均年龄，但并没有降低企业活力。

以这个例子展开，这时有两种处理办法。

第一，在年龄这个维度上细分，分为20～25岁、26～30岁、31～35岁等不同组别，盘点出这些组别上的员工人数，发现年龄分布，这比平均年龄的表面数据有用多了。进一步，我们还可以根据一些假设来推导这种分布的影响。可以确认的是：①新人会对老人形成冲击，让他们感受到竞争；②假设有同样数量的老人，100个新人形成的冲击肯定要比10个新人形成的冲击大。那么，我们可以设置一种算法来量化这个企业从年龄角度分析出的竞争氛围，笔者把这种算法叫作"活力曲线值"。

第二，加入其他个性特征的维度进行列联分析，这样会让原本无用的数据产生价值。例如，盘点出组织内员工的学历结构其实没有太大的意义，但一旦加入岗位分布的维度，我们就有可能发现管理岗位上累积了大量的高学历人才，而他们的职位普遍较低，这就有可能是一种"可以开发的力量"。我们可以想象一下，如果叠加多个维度的数据，这种分析将多有价值。例如，我们可以将企业内绩效平均差排名TOP10的管理岗位视为"高挑战岗位"，如果在这样的岗位上，员工的学历和人工成本支出仅仅排在TOP30，那么这样的分布就不够合理。

所以，笔者强调应该进行"队伍盘点"而非"人才盘点"。这个概念包括对组织架构和人力资源两个层面的盘点，其指标形式大多又覆盖了两者，既反映了人的战斗力，也反映了组织架构设计的合理性。

初级HR可以涉足年龄分布、司龄分布、学历分布、技术水平分布等指标，这显然比盘点出"平均年龄"这种指标有意义得多。高级HR应该接触业界最前沿的全新算法，后续会谈到，笔者开发的人才储备率、人才成长率、年龄/司龄活力曲线、扁平化指数、能岗适配率、激励适配率等指标都能轻易洞穿组织的问题，值得高度关注。

3. 反映各个职能的运行状态

有了合理的组织构型，有了员工的高绩效特质，有了员工在组织构型中的合理分布，不代表可以持续、自动产生高绩效。说到这里，不妨看看大量互联网明星企业的成长经历。2013年左右，互联网思维如火如荼，高速成长的若干明星企业强调只要找到明星人才，全力信任授权，用"去管理化"的方式就可以获得成功。小米、百度等企业曾经一度取消 KPI 考核，更有些企业还取消了考勤……但喧嚣之后，它们发现自己并没有颠覆人力资源专业逻辑，最后还得"重回常识"。

现实是，人力资源专业是企业不得不练就的基本功，要抵达经营的彼岸，必须有人力资源专业的渡船。第一，员工队伍本来就是流动的，有流入，有流出，有内部流动，所以人力资源的配置职能（招聘、淘汰、再配置）必须要发挥作用，以确保分布的合理性，让员工"有机会干"。第二，员工的行为既有好逸恶劳的一面，又有无私奉献的一面，始终需要人力资源制度的激励和约束，所以人力资源的激励职能必须发挥作用，让员工"有意愿干"。第三，员工自身的能力和知识储备也有不足，人力资源的培养职能必须发挥作用，让员工"有能力干"。这就是笔者在 House 模型中提到的三大支持系统，这些职能让队伍持续优秀。

人力资源职能进行的干预，是加诸组织架构和员工上的"外力"。盘点出这些"外力"有多大，是往哪个方向上发挥作用，才能和其他两个维度（效能、队伍）的数据形成整体的逻辑链条。

当前的问题是，HR 在人力资源职能上的盘点"重程序而轻实质"，仅仅记录一些工作的痕迹，而忽略了要观察的"外力"。例如，在培训系统的盘点中，大多数培训经理喜欢盘点"培训计划完成率"，这类数据对大多数企业来说没有任何管理意义，老板和业务部门也根本没有感觉。完成了又怎样，没有完成又怎样，对于员工的能力和业绩能有多大影响？在数据化人力资源专业的三个维度上，人力资源职能这个看似的"强点"却是与人力资源效能一样的"重灾区"，大多数企业都缺乏反映这个层面状态的指标和数据。

对于人力资源职能，一定要基于"实质"进行盘点，即盘点出这种职能里人力资源政策的导向是什么，能够给队伍状态带来多大影响。我们想要了解的，是如下信息。

- ⊙ 调配系统——这个企业人员流动的趋势是怎样的，哪些人流进来，按照怎样的标准向上流或向下流？
- ⊙ 激励系统——这个企业的激励是不是真刀真枪，还是有顺风车和避风港？它的激励聚焦在哪些人群上，是不是最有价值和风险最大的人获得了最大的激励？对他们的激励强度有多大？员工感受到的激励强度能够在多大程度上撬动业绩？
- ⊙ 培养系统——这个企业的培训是全员培训还是聚焦部分人的培训？它的后台是对员工有强力的支持，还是愿意让员工在干中学？

只要符合专业流程，人力资源职能操作本身就没有对错。但只有量化出人力资源职能或政策的"外力"，我们才能调动这些外力来定向影响队伍。

以调配系统为例，我们可以对比两个企业不同的政策。Netflix从外部招入大量优秀人才，同时也快速汰换不适合的员工，人才队伍迭代极快，确保企业随时都有最顶尖的人才。而笔者辅导过的某优秀企业虽然人才队伍相对封闭，但内部上调下调非常频繁，他们崇尚业绩说话，内部竞争氛围无与伦比。

从调配职能本身看，两个企业有不同的政策导向，但从结果上看它们都是优秀的，原因在于它们需要的队伍不同。Netflix 所在行业的人才大多从外部产生，所以它会将人才流入率、汰换率这类指标调得很高；而后一个国内企业所在的行业里，更强调本地化培养，空降兵反而没有太大作用，所以它会将晋升率、降职率、轮岗率这类指标调得很高。

4. 要有大局观，去除对标强迫症

有了上述三个方向，数据化人力资源专业从形式上算是走入了正途，但是人力资源专业并不存在像财务管理一样的标准化传导机制，所以指标重要、数据重要，但是运用指标和数据的思路更加重要。每个企业的情况不一样，关注的人力资源效能不一样，人力资源效能生成的机制也不一样。因此，HR 应该放弃按图索骥的希望（这正是市面上一些机构所强力兜售的），转而以终为始，基于所在企业追逐的人力资源效能，沿着人力资源战略选择，摸清其生成机制。

最无奈的是看到一些 HR 的"对标强迫症"。例如，某些企业致力于成为"最佳雇主"，于是把"员工满意度"视为目标，高度关注"最佳雇主排名"，甚至喊出了"要让员工来了就不想走"的口号。这在追求创新的企业中就是错误的。如果企业要求创新，就必然有人才的硬性标准，必然有一些偏执的导向，这就不可能让所有员工都满

意。况且，员工真的不想走了，企业就在很大程度上失去了人才换血的机会（淘汰员工的成本会很高），而这种机会往往是创新的重要筹码。

再如，有的企业致力于成为人才培养的学校，开展"全员学习"，号称要把培训"做深做透"。这在某些企业内也是错误的。如果20%的明星员工创造了80%的业绩，企业仍然把培训普及率作为一项重要的考核指标，那么这种逻辑就有问题。再如，如果某些成型人才在市场上招聘的成本远远低于招入"毛坯"进行培养的成本，为何还要建立华丽的培养体系？还有，如果企业处于新行业、新市场，本来就缺乏成型知识，员工的知识获取主要是通过"干中学"，这个时候再强调个人的人均培训学时，这种逻辑更是有问题。

简单来说，条条大路通罗马，用别人的车来行自己的路，不一定是最合适的。有了人力资源效能目标，必须反推需要什么样的人力资源队伍，再反推需要什么样的人力资源职能。当HR用自己的"大局观"把数据在职能、队伍和效能方面串成一条或若干条逻辑链条时，他们就会发现，由于数据之间形成了强力的因果逻辑，卡住了那几个关键节点，就控制了人力资源实践对于战略和经营的贡献。将这些代表关键节点的指标放到一起，就是笔者提到的"人力资源效能仪表盘"（HR efficiency dashboard，HED）⊖，这才是互联网时代数据化人力资源专业的正途。

⊖ 笔者在《中外管理》杂志2014年7月发表的《HR需要"效能仪表盘"》一文中首次提出的概念和工具。

人力资源效能仪表盘

人力资源效能仪表盘（HED）这一工具的意义在于，将人力资源管理从动作到结果的传导机制变成指标和数据，使人力资源战略地图极度可量化。基于这一工具，HR 可以进行精准决策，并监控人力资源战略地图的落地情况，以及对于局部失控的地方进行定向干预，确保产出。其实，HED 也应该是 HR 的 HEAD（头脑）。

这有点儿像打高尔夫球。我们可以把最后的出球比喻为人力资源专业的效能输出或战略性贡献，但这只是一个结果。真正驱动因素不是手上最后的动作，而是全身各个部位的协同。职业高尔夫球手应该做的，是打通这条发力的逻辑；高级 HR 应该做的，是找到如何通过职能改变队伍，通过队伍输出效能的精确逻辑。

下面呈现的是制定人力资源效能仪表盘的"四步法"。

1. 绘制人力资源战略地图

第一步，画出一幅人力资源战略地图，在职能、队伍、效能三个维度上定义人力资源专业的关键表现。人力资源专业不同于财务专业，它的各种操作之间的影响机制并不明确。所以，人力资源战略地图一定是基于企业具体情况定制的，每个企业在不同的时期都应该有不同的"打法"（示例见图 5-2）。

这一步非常关键，如果人力资源战略地图足够准确，后续每一个纳入人力资源效能仪表盘的数据都会意义重大，而基于这些数据来辅助决策、监督执行、定向干预也会事半功倍。反之,如果人力资源战略地图不够准确,后续的数据化操作就变成了花架子。

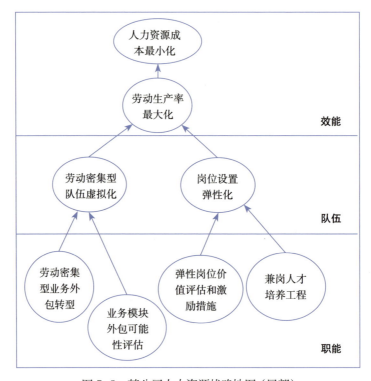

图 5-2　某公司人力资源战略地图(局部)

资料来源:穆胜企业管理咨询事务所。

相较之下,一般的人力资源数据化流派更强调一种通用的人力资源数据体系,这些流派希望通过一个类似财务报表的复杂指标体系来建立专业壁垒。坦白说,这些流派和追随他们的 HR 在建立专业性上有点"矫枉过正"了,没有老板会有耐心去审视一个专业领域的复杂逻辑。换个角度说,也没有那么多的人力资源指标需要老板去关注。

笔者已经见过太多传统流派风风火火尝试之后的不了了之。曾经有一位大型企业的 CHO 向笔者抱怨："我不想看到我们的 HR 去做那些没有意义的数据化工作，这些数据根本不能辅佐我决策。"所以，笔者才不厌其烦地提醒 HR，先花大力气确定人力资源战略地图，再去思考如何把这幅地图量化。而对于那些无比热情、希望直接学习人力资源指标算法的人，笔者几乎可以从他们的眼睛里看到不久之后的挫败和失望。

笔者所倡导的做法与传统流派可谓南辕北辙。人力资源效能仪表盘并不复杂，一共就 10 个左右的指标，干干净净、清清楚楚地呈现了一定时期里从人力资源实践到人效结果的全过程。无论是对于企业经营者还是业务部门，这个界面都非常友好。

2. 选择人力资源指标

第二步，选择合适的指标，将战略地图上的关键表现数据化，形成人力资源效能仪表盘。这些指标中，人力资源效能维度是结果指标，人力资源队伍和职能维度是过程指标。前面说过，人力资源专业并非一个足够量化的专业，HR 急需补充一个强大的指标库。但人力资源专业在这个方向上的累积相对薄弱，这让向往数据化的 HR 颇为尴尬。翻开任何一本人力资源教程都可以发现，定性的部分占绝大多数，而定量的部分则相对较少。这是人力资源这个专业的命门，也是需要学术界、咨询界、实践界联合推动去改变的。

如何建立这个强大的指标库，下文将进行阐述。在我们拥有了这个强大的指标库后，为了呈现战略地图中的关键表现，还需要选择合适的指标。笔者认为，指标的选择应该遵循"be a kid"（回归初心）⊖的原则，具体如下。

- 老板视窗（boss view）——一定要是企业经营者关心的指标，或者是要和企业经营者关心的指标产生联系，如人工成本投产比这类与财报高度相关的数据。

- 小白适用（easy to understand）——如果不能和企业经营者关心的指标产生联系，就一定要直观易懂，如人才储备率。

- 敏捷思路（agile mind）——在每个维度，一定要找到最能够反映战略路径的关键表现，即人力资源战略地图里的"圈"。

- 锚定关键（key）——在每个关键表现上，一定要找到最能说明其状态的关键指标。

- 禁止污染（no interference）——一旦有污染，果断放弃，一定要选择最没有争议的指标。

- 数据支撑（data）——指标一定要可以被量化为数据，最好是客观数据而非主观数据⊖。

⊖ 之所以这样命名，也是要表达前文强调做数据化人力资源管理需要的"发心"。
⊖ 笔者一个比较执着的观点是，在人力资源专业领域尽量不要采用主观指标，因为这会导致数据不准确。

3. 设置人力资源目标值

第三步，针对指标设置这一时期的目标值。例如，人才储备率应该达到什么程度。由于指标库是新的，HR需要摸清这些指标的规律，其中最重要的规律需要形成基线清单（baseline list）。所谓基线（baseline），就是这个指标应该达到的最低标准，或者说，低于这个标准，人力资源专业体系就会出现某种问题。有了基线，我们才能判断某个指标当下究竟是高了还是低了，应该设置什么样的目标值。

基线是一个参考，还需要用一些方法来设定具体的目标值。这类目标值的设定与绩效管理原理相同，即在一个考核周期里，既要能够支撑总体目标，又要"跳起来够得着"。具体的做法有以下几种。

⊙ 标杆基准法——企业选取一个竞争对手进行对标（bench marking）。其假设是，如果对手的人力资源类指标表现能够支持其经营表现，那么本企业也可以将这些视为规律。

⊙ 目标逆推法——企业根据需要达成的战略目标，反推在人力资源领域各类指标需要达成的目标值。由于两类目标之间有必然关系，因此如果公司的战略目标是不容商议的，人力资源领域的目标也不容商议。

⊙ 趋势外推法——企业根据过去该指标的历史表现，推导出下一个周期的目标值。如果是持续上升的指标，可以计算一个复合增长率并在此基础上做调整，也可以使用回归预测。如果是波动的指标表现，即没有明显的趋势，可以计算一个上限与下限，取某个分位数据（如 P80）。

- ⊙ 内部博弈法——如果缺乏标杆数据、战略目标、历史数据，HR 就只能在与业务部门打交道时，凭借感觉进行目标设置，并在收获业务部门的反馈后进行调整。严格意义上说，这种方法有点不严谨，说白了就是"菜市场议价模式"，但对于一些初步应用人力资源效能仪表盘的企业，总得有个第一期的数据，这种方法还是有其必要性的。另外，上述其他方法都是用"大的约束条件"推导一个"刚性的数值"，可能没有考虑业务里"具体的约束条件"，这种方法搭建的交流场景就能弥补这种缺憾。

现实的操作中，企业往往不是运用某一种方法，而是综合使用各种方法确定指标的目标值。标杆基准法和目标逆推法采用外部视角，体现的是市场需要企业的人力资源实践达到什么水平；趋势外推法和内部博弈法采用内部视角，体现的是使内部的人力资源实践能够达到什么水平。

两类视角推导出的结果必然存在差距，有时这种差距还特别大，需要用理性的决策思维来平衡。例如，穆胜事务所的团队在为某扩张期的企业提供辅导时，发现基于其制定的业务战略，企业的人才队伍明显跟不上需求，如果要填补现状和目标之间的差距，其人才招聘的效率要提升 3 倍以上，人才培养的效率要提升 5 倍以上。以他们在人力资源专业领域的经验来判断，这显然是不可能达成的目标，所以企业就必须倒回来调整业务战略目标。否则，业务战略目标无法达成，

只会损伤管理层的权威和员工的士气。⊖

4. 验证指标间因果关系

第四步，产生了实际的数据后，还应该对因果关系进行验证。关键表现之间已经建立了因果联系并经过了验证，但指标之间的因果联系也要经过验证。有些指标看起来具有因果关系，但当我们用变量建立方程，再把历史数据放进去，就会发现因果关系根本不存在，这就需要回过头去质疑假设。

例如，有企业的HR提出要在队伍层面"提升员工敬业度"，而根据敬业度调查的结果，认为薪酬支付水平是制约大家敬业度提升的症结。于是，职能层面的驱动因素变成了"薪酬水平提升"。笔者把过去员工的样本一代入，就发现，这个因果关系根本不成立。大量离职员工的薪酬水平并不低，他们离职是因为缺乏组织公平感，说直白点儿，"不是自己拿少了，是不该拿的拿多了"。如果按照HR本来的想法，进行薪酬普调，必然是一场灾难。⊜

即使某种因果关系成立，我们依然要量化这种程度，摸清其中

⊖ 笔者发现，当下很多中国企业的企业经营者特别喜欢在业务战略上设置高目标，而当我们用人力资源专业的约束（如人才队伍薄弱）来进行提醒时，多半不会被重视。企业经营者通常会说："虽然有这些限制，该冲还得冲呀。"他们内心的声音是："取其上得其中，取其中得其下"，这个可以理解，但他们忽略了缺少人力资源的底气后目标是否能够达成，以及这种方式可能造成的负面影响。事实上，如果一家企业在设置高业务战略目标之后在人力资源专业上却没有任何对应的战略级行动，那么我们基本可以认为这种战略目标仅仅是一种"口号"。

⊜ 其实，敬业度调查里对于薪酬不满是常态，所有企业的调查几乎都会出现这样的结果。这更像是员工喊出的一种"口号"，换句话说，谁都希望加薪。这显然是一个无效问题。

的"规律",便于以后建立更精准的人力资源效能仪表盘。例如,何种指标会导致公平感的变化?是正向影响还是负向影响?这种影响的程度究竟有多大?后面会谈到,这里所谓的"规律",就是模型里的参数。

HR 重塑专业的三大支点

在笔者构建的人力资源经营的世界观里,人力资源战略(HRS)、人力资源战略地图(HRSM)和人力资源效能仪表盘(HED)是三个依次递进的应用模型(见图 5-3),通过这三个环节将业务战略的要求精确转化为 HR 的日常工作,确保人力资源职能能够推动经营。

图 5-3 让人力资源实践承接业务战略的三级模型

资料来源:穆胜企业管理咨询事务所。

这一过程最后的成果当然是企业的人力资源效能仪表盘,但要得到这一成果,HR 还需要三大支点。在笔者的观察中,这三大支点刚好对应了 HR 职业生涯里的三个高光时刻（moment of truth，MOT）。换句话说，至少在这三个场景里，企业经营者认为 HR 是足够专业、能创造价值的。其实，HR 在让本职工作支撑战略、推动经营的同时，也在拯救自己的专业。

1. 指标——变量

第一个高光时刻是 HR 谈论指标的时候。人力资源专业一直被认为是"文科"，定性多于定量，但如果我们将这个专业变成"理科"，其自然而然地就有了一定程度的专业门槛。至少，这门专业不可能被他人用常识来掌握，HR 也不可能被他人随意替代。

这里纠正一个误区，曾经不止一个业内人士提出，人力资源专业本来就是难以数据化的。这一点笔者绝不认同，21 世纪本来就是一本数据大辞典，任何一个专业都可以数据化。关键在于，有没有数据思想（data mind），能不能设计出一个有穿透力的指标算法。

举例来说，NBA 的统计里，得分、助攻、篮板、盖帽、抢断五大数据是很容易统计的，从这些数据上可以甄别大多数球员的实力。但是，偏偏有一类球员，这五项数据得分都不高，但他们在场的时候球队就是更容易获胜。你不能仅仅把这归因于他们是"福娃"，一两场比赛获胜有可能是靠运气，那几十场、上百场比赛还有这个规律，是不是就可能是因为他们在实力上有过人之处？比如，他的协防让队友完成了抢断或盖帽，这个时候数据不统计在他身上，但他是有贡献的。于是，服务 NBA 的数据公司设计了一个指标——球员效率值，是指这名球员在场时球队净胜多少分。这样一个优雅的设计，一下子就洞穿了现象，这就是人力资源专业应该追求的。

正是基于这种理念，笔者带领穆胜事务所的团队研究了若干指标算法，想让这个相对"文科"的专业变得更"理科"。从 2010 年开始往这个方向发力，至今为止，我们已经设计了近 50 种人力资源指标算法，不少算法还经过了多轮迭代。⊖这里从三个维度分别列举若干典型指标。

（1）人力资源效能指标。

人效指标分两类：一类是人效结果指标，即投产比类指标，由穆胜人力资源效能矩阵给出。这个方面的指标相对没有争议，HR 只需要向企业经营者和业务部门推荐这个指标，解释这个指标的重要性即可。

另一类是人效驱动指标，主要体现人力资源投入（编制和人工成本）的结构分布和人群分布，前者如薪酬整体固浮比、人力资源资本化率等，后者如管理类员工薪资占比。显然，不同的投入方式对于人效结果将产生巨大影响，但这种影响并不是没有争议的，HR 向企业经营者推荐这个指标时，需要格外耐心。

下面就人效结果指标和驱动指标分别举例。

人效结果指标举例：人工成本报酬率

$$人工成本报酬率 = 利润 / 人工成本$$

⊖ 与此同时，我们也为 HR 开办了 40 多期"数据驱动人力资源效能提升（iHRE ™）"课程。根据我们得到的反馈，在实践中，这些指标算法的确支撑了 HR 的专业性，让企业经营者刮目相看。

这是典型的人效结果指标，即投入每元的人工成本能产生多少利润，它的重要性无须多言。

人效驱动指标举例：人力资源资本化率

人力资源资本化率＝资本化人工成本／总人工成本

这是典型的人效驱动指标。在大多数企业中，人工成本是纯刚性的，即只要向员工给出了薪酬的承诺，企业就会按照预算发放。原本，员工的薪酬中也有绩效工资和奖金部分，这些部分与个人、团队、部门和公司绩效应该是高度关联的，但由于绩效评估系统孱弱，这些部分也退化为刚性发放。

所以，笔者设计了"人力资源资本化率"⊖指标，即不确定薪酬在总薪酬中的占比。什么是不确定薪酬呢，是员工以对价投入，有可能"拿不到"的薪酬，即本金＋投入回报两个部分，具体包括跟投投入、奖金、分红等。这显然可以驱动人效结果指标，道理也很简单，员工"可能沉没的薪酬"与他们的意愿成正比，决定了企业的人效。

（2）人力资源队伍指标。

队伍层面的指标构建方式主要是基于组织和人员的属性，将两者编码，并刻画出人员在组织内的分布状态。下面也就两类型指标分别举例。

偏组织型人力资源队伍指标举例：扁平化指数

扁平化指数＝全司平均管理幅度／公司层级数

⊖ 所谓资本，是指往具体项目里的投资，投资的形式可以是股权投资，也可以是债权投资，这些投资有明确的增值性与确定性，可以视为资本。

这是偏组织的指标。大量企业做组织结构调整都比较随意，似乎往哪个方向上走都有道理，但运作一段时间却发现组织结构里有大量冗余。笔者用管理幅宽和管理层级创造了一个"扁平化指数"，这个指标非常好理解，其与全司平均管理幅度成正比，与公司层级数成反比。

偏人员型人力资源队伍指标举例：员工稳定性指数

这是偏人员的指标。大量企业都很关心自己核心员工的稳定性问题，但它们往往在这类员工提出离职时才发现一切已经无可挽回。有人说，员工离职通常有两个原因，要么是钱没给够，要么是心里委屈了。但如果用这两个方面去探测员工，你一定得不到真相。多少员工信誓旦旦之后却无情离开？

所以，笔者建议观测两个方面的数据。一是员工离职可能带来的损益。例如，员工如果在短期内有可能晋级、提薪、获得股权激励、获得绩效认可等，原则上，他们是不太可能离职的，他们正在得到组织的认可，离开有沉没成本。二是员工实际的离职预警行为。例如，不参加集体活动、频繁请假、加班量骤减等，都可能是对企业"不再上心"的表现。

我们用这两类数据形成一个员工稳定性指数，可以排查出离职可能性较高的人员。在此基础上，定向进行沟通，相信一定会有挽留的效果。说白了，人家提离职之前还可以沟通，真要提了，挽留的可能性就大大降低了。另外，我们还可以基于两类数据建立一个二维矩阵，从而制定对应的人员保留策略（见图5-4）。

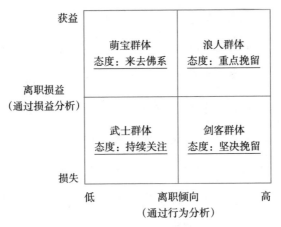

图 5-4 员工稳定性分析矩阵

资料来源：穆胜企业管理咨询事务所。

（3）人力资源职能指标。

职能层面的指标主要是针对三大支持系统，确定人力资源政策这种外力的方向及效果。下面也简单进行举例。

人力资源职能指标举例 1：激励真实指数

$$激励真实指数 = 绩效平均差 / 个体绩效总分$$

$$绩效平均差 = \text{Average}（A\ 绩效得分 - 平均绩效得分，$$

$$B\ 绩效得分 - 平均绩效得分\cdots）$$

这个指标解决了公司有没有真刀真枪做考核的问题。很多企业的管理者在绩效考核打分时不愿意"扮黑脸"，而是秉承着"你好我好大家好"的原则去"和稀泥"，导致员工的绩效考核得分体现不出明显差距。由此，考核变成了走形式，不能对员工起到激励或警示的作用。所以，笔者提出了"激励真实指数"，呈现出企业绩效得分的变动部分占总得分的比例，用数据刺破考核假象。

人力资源职能指标举例2：能岗适配率

能岗适配率 = 能岗匹配人数 / 总人数

这个指标解决能人有没有被配置到合理职级的问题。大量企业能人升不上去，只能负气出走，这不仅浪费了人才的雇用成本和才华，也浪费了公司的发展机会，还造成了腐朽的组织文化，显然是企业不应该容忍的。但企业在这个方面做得究竟如何，没人说得清楚。于是，笔者将员工的能力水平和获得的激励水平都转化为数据，并放入一个二维矩阵中，再建立两条能岗匹配的线，中间的部分就是"能岗适配区"（示例见图5-5）。

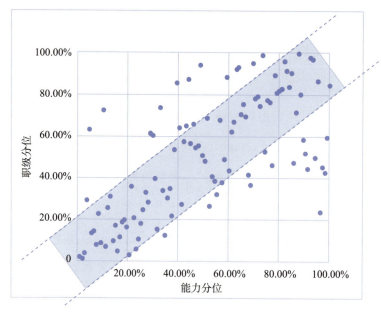

图5-5　某企业员工在能岗二维矩阵上的分布

资料来源：穆胜企业管理咨询事务所。

2. 基线——校标

即使通过指标量化了人力资源经营的一些关键点，HR 也不太可能实现完全的有效决策和监控。其原因在于，大量指标缺乏校标，很难判断其数据的优劣，因此很难被应用。

一小部分指标本身就能够呈现管理意义。

例如，当 HR 告知老板企业的人才储备率是 0.8，也就意味着 1 个空岗仅有 0.8 个储备，人才供应链失控；又如，当 HR 告知老板企业的激励真实指数是 3%，也就意味着 100 分的绩效总分里，实际浮动部分只有 3 分，绩效考核沦为摆设；再如，当 HR 告知老板企业的人才沉积率是 50% 以上，意味着有一半以上的人没有按照企业常规职业生涯规划进入预期的发展里程碑……这些指标数据都是血淋淋的，每个指标极具穿透力地反映了企业的问题。

另一大部分指标的结果要被应用，还需要配合基线。这类信息企业经营者是不掌握的，所以，HR 的第二个高光时刻是他们谈论基线的时候。

指标是新的，自然没有其他机构关于基线的研究成果作为参考。于是，笔者和穆胜事务所的团队从 0 到 1 开始沉淀数据，并持续进行了大量分析。多年之后，我们总算为那 50 多种算法累积了一些基线。虽然这些基线是针对泛行业，未必精准，但总算迈出了"第一步"。下面，就前面几个指标举几个例子。

基线举例 1：扁平化指数

穆胜事务所在为某企业提供咨询服务时，被其高管告知企业在构架里没有充分配置管理人员,导致现有管理人员负荷过重。对方特别肯定,并举出了各种管理人员殚精竭虑的例子。但我们和人力资源部门的同事用一个指标就洞穿了真相——扁平化指数。我们发现这个企业的扁平化指数只有 0.47。我们的基线是,一般企业只要扁平化指数低于 1,基本就有比较严重的大企业病问题。事实上,根据《2020 中国企业人力资源效能研究报告》,仅有 19.67% 的样本企业扁平化指数低于 1。进一步看,其综合管理幅宽为 2.82,即 1 个领导管理不到 3 个直接下级。所以,这显然不是管理人员配置不足的问题,而是组织协同不足形成的内耗问题。

基线举例 2:激励真实指数

一个经营企业强调内部的竞争氛围,提倡"赛马不相马""扶强凌弱"。按照这样的管理逻辑设定,我们推测其考核系统应该非常强大、刚性。但当用激励真实指数进行测算后,我们却发现无论是各个层级,还是各个职能,其激励真实指数均为 2% 左右,最高不超过 4%。我们的基线是,如果某公司激励真实指数为 5% 以下,那么其绩效考核就只是个让人看的牌匾。在这个企业里,如果说中后台部门的绩效在一般的考核技术下难以评价,尚且可以理解,但前台部门的绩效则是可以用市场结果说话的,激励真实指数依然低于 4% 就很不可思议了。

基线举例 3:能岗适配率

另一个民营企业宣称自己提倡"不讲辈分,能者居之"。但 HR 用我们的能岗匹配率指标进行了测算,发现这个数据仅为 55%。我们的基线是，80%以上是优秀，80%到60%之间是一般，60%以下是危险。这不是一般的差，这是差到没下限了。

3. 规律——参数

有了指标，人力资源经营就能被量化；有了基线，我们就能判断指标的合理性。但是，当发现某个指标不够合理时，我们如何设计人力资源实践或政策来对其进行调整呢？

显然，这需要我们了解不同指标之间的关系，例如，考核强度与组织公平感之间的关系。这里说明一下，笔者将这类关系分为两种：粗略、感性的关系叫"常识"，精准、数据化的关系叫"规律"。

如果我们无法量化考核强度和组织公平感，那么 HR 只能粗略地给出两者正相关的判断，这是作为 HR 甚至一般职场人的常识，并不会让人觉得有多"专业"。但在有了激励真实指数和组织公平感指数两个指标后，我们就可以获得数据，并将这种正相关的关系进行精确量化，这就成了"规律"。

所以，HR 的第三个高光时刻是他们谈论规律的时候。

如果假设代表考核强度的激励真实指数对组织公平感有正向作用，设激励真实指数为自变量 X，组织公平感为因变量 Y，则有：

$$Y=aX+b$$

在这个方程里，a 是参数，这就是规律。掌握了这个参数，HR 就能明确，如果通过真刀真枪考核来强化激励真实指数，究竟可以在多大程度上促进组织公平感。

如果再假设组织公平感可以降低员工离职率,设组织公平感为自变量 Y,员工离职率为因变量 Z,则有:

$$Z=cY+d$$

在这个方程里,c 是参数,同样也是规律。掌握了这个参数,HR 就能明确,如果促进组织公平感,究竟可以在多大程度上降低员工离职率。

当然,上面的两个方程只是一种示意,现实中,因变量必然受到多个自变量的影响,例如,激励真实指数和能岗适配率都会影响组织公平感。设激励真实指数为自变量 X_1,能岗适配率为自变量 X_2,组织公平感仍然为因变量 Y,我们可以建立多元方程:

$$Y=aX_1+bX_2+c$$

此时,我们需要基于大量样本数据来判断两个自变量前面参数的大小,找出因变量的主要驱动因素。如果激励真实指数前的参数绝对值较大,而能岗适配率前的参数绝对值可以忽略不计,则前者为组织公平感的主要驱动因素。如果通过相似的方法分析出组织公平感是员工离职率的主要驱动因素,那么我们就可以结合两个规律得出更简单的结论——激励真实指数对员工离职率有主要的负向影响,说简单点儿,通过真刀真枪的考核来稳住员工队伍应该是最有效的方法(最短路径)。

回到现实中的应用场景,当老板发现企业的员工离职率过高时,一些 HR 会用自己感性的经验来争辩这个数据很正常,另一些 HR 可能会承认数据不正常,接着也会用感性经验告知老板有几种可能性,例如文化不兼容、部门领导不尽责、组织结构变动频繁……但这都是基于感性"常识"的猜想，HR 当然可以拿出个案来证明自己的这些判断，但这不是科学，不够专业，更无法回答老板"应该如何改变"的拷问。而一旦我们拥有数据、基线和规律，我们不仅可以判断"对与错"，还可以决定"怎么做"，这才是 HR 真正应该拥有的专业。

4. 数据——样本沉淀

说到底，人力资源效能仪表盘是一组（若干个）模型，只有将大量过往的数据代入，才能修正变量，形成基线，摸清规律。应该理解的是，模型是用数据"喂养"出来的，数据越多，各个模型会越精准，决策也会更高效，人力资源战略地图在制定后也会有更好的输出。

显然，我们需要在采集大量样本的基础上，进行大量的统计分析。这个工作看似容易，却是我们遭遇的最大问题。设计指标算法，有数据思想就行，而获得有效的样本，却需要行业的诚信。⊖于是，我们只能换一条路——只收集自己有把握的数据，也就是我们直接服务的企业数据。虽然这样很慢，但是很准。

在有限样本数据的基础上，我们得出了指标、基线、规律的若干成果，也在一定程度上对行业有所启迪，甚至让不少企业经营者和 HR 为之惊喜。但请注意，这还只是基于泛行业数据得出的结果。试想，如果能够定期进行更大范围内的调研，给出行业、区域、企业不

⊖ 在多次尝试采集样本数据之后，穆胜事务所的同事颇为纠结。大量 HR 提供假数据，想换取研究结果，他们的理由是"我们的数据需要保密"。殊不知，你是这样想的，其他样本企业的 HR 也是这样想的。最初，我们收集到了一堆假数据，有的样本算出来员工平均工资只有 1000 元，根本无法进行分析。好在，经过大量尝试之后，我们逐渐摸索出了筛选样本的一套方法。

同发展阶段的基线和规律……HR 的工作将得到多大的赋能！

这是一个教育行业的事，必然是一场持久战，但总得有人来做。从 2014 年开始，穆胜事务所团队不断宣讲人力资源效能仪表盘这个工具以及相关的算法。从 2020 年开始，我们计划基于大样本调研，每年发布年度中国企业人力资源效能研究报告⊖。在这一过程中，我们一边研究和实践指标，一边摸索各类指标的基线和模型的规律。随着数据仓的逐渐壮大，模型已经越来越精准。后续，这项工作还会持续推进，相信会惠及更多的 HR。

从这个意义上讲，各个企业在人力资源专业领域最终比拼的应该是"数据厚度"和"模型精度"。建立人力资源效能仪表盘只是 HR 工作的起点，后续还有大量精细化运营的工作。

这些道理很简单，但当前的企业普遍在这一领域缺乏投入。且不说能够实施数据化人力资源专业的企业本来就不多，在这些优秀的企业里，能够按照人力资源战略思路去刻意建立数据仓的就更少了。华为在这方面是个典范，它不仅基于自己的超级 OA 系统 W3 沉淀了大量人力资源相关数据，还每年立项若干个 DP（developing project）项目，研发模型，摸索基线。

当然，优秀企业都不愿意去解释这些技术细节，而是更愿意呈现自己的人力资源专业理念。但不妨冷静想想，如果没有这些所谓的技术细节，这些企业的人力资源专业表现还能这样优秀吗？

⊖ 2020 年 11 月 20 日，穆胜事务所举办了"2020 第一届中国人力资源效能论坛"，并发布了基于 428 个有效样本的《2020 中国企业人力资源效能研究报告》。

HUMAN RESOURCE EFFICIENCY

第六章

人力资源效能红利：挖掘五大空间

从 2018 年开始，中国经济增速放缓，经济结构调整来临，过去一度顺风顺水的企业逐渐感觉到了寒意。而中美贸易摩擦、新冠疫情等一个个灰犀牛或黑天鹅事件，更是让企业雪上加霜。在外部严峻的形势下，企业只能内挖潜力，争取成为艰难时局下的"剩者"。

直到这时，不少企业才发现自己的组织能力不足，在外部的冲击下风雨飘摇。而组织能力强大的企业似乎有一种魔法，总是小投入带来大回报，它们坚强地生存着，还越活越好。我们已经非常明确，组织能力与人力资源效能是可以画上等号的，企业"强身健体"的目标完全可以变成"提升人力资源效能"。HR 会发现，老板突然对自己的工作提出了近乎"苛刻"的要求。他们能够感觉到——老板着急了。

不少企业从节约人工成本的角度去谈"提升人力资源效能"，这是极其错误的，它们的方法只会让企业再添内伤。笔者曾在《激发潜能：平台型组织的人力资源顶层设计》《创造高估值：打造价值型互联网商业模式》中提到过，企业的规模是进攻的底线，而效能是防守的底线。但防守时务必要思考如何进攻，否则就是"龟缩"，肯定赢不了。

根据笔者的经验，绝大多数企业必然存在五个人力资源效能提升的空间（见图 6-1）。换句话说，所有企业如果往这五个方向上挖掘，必有收获。

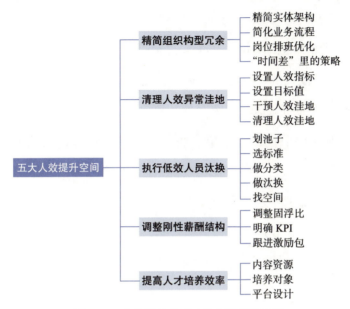

图6-1 人效提升的五大空间及操作方法

资料来源：穆胜企业管理咨询事务所。

精简组织构型冗余

这里主要指组织构型中的业务流程、组织结构和岗位系统。基于House模型来判断，调整组织构型显然比调整支持系统更加直接。形象一点儿，组织构型好比一艘船，只不过这艘船不是用实物建造的，而是通过组织对于部门、团队、员工的职责定义来形成的，支持系统好比对船员的管理模式（选、用、育、留）。要想船行驶得更快，显然是对船体本身进行改造更加有效。

所有企业，只要是采用金字塔组织模式的企业，必然存在官僚主义（或称"大企业病"），简言之，就是横向分工形成的部门墙、纵向授权形成的隔热层、流程至上形成的流程桶等。这种效应极其可怕，一件本来可以顺畅推进的事情，在企业里被推诿、扯皮、视而不见、无效动作等覆盖，浪费的不仅是人力资源，还有人力资源驱动的周边资源。

按照常理推断，这种现象一般出现在企业长大时，但笔者却发现大量小企业也提前患上了大企业病。其实这也正常，我们将"人性"装入"金字塔组织"，大企业病自然发生，小企业提前"患病"，无非因为管理基础孱弱带来的"体虚"罢了。我们无法回避"人性"，但对于金字塔组织，我们却可以做点什么。

1. 精简实体架构

一是减少隔热层。管理层级过多会阻碍业务温度的传递，还会形成官僚，必须要减少。这样在客观上会增加每个管理人员的管理幅宽，但这却是有必要的。正因为如此，成熟的资本市场上，一旦有上市公司 CEO 下台，继任者通常都会通过减少层级、推行扁平化的调整来取悦投资者。一方面，这可以减少大量的人工成本和周边成本；另一方面，这也可以让企业更加敏捷，更能感知到市场的温度。

不妨来看一个直观的例子（见图 6-2）。假设有 A、B 两家企业，它们的基层作业人员都是 4096 人。如果 A 企业的管理幅宽各层级统一为 4，B 企业的管理幅宽各层级统一为 8，则管理幅宽较大的 B 企业可减少两个管理层级，大约精简 800 名管理人员。假如管理人员的平均年薪为 15 万元，则管理层级较少的 B 企业在管理人员工资上每年可节省 1.2 亿元。

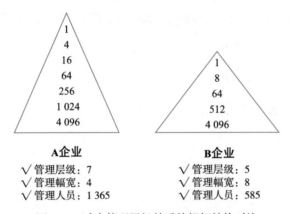

图 6-2 减少管理层级前后的组织结构对比

资料来源：穆胜企业管理咨询事务所。

二是打破部门墙。一个发展到一定阶段的组织，必然存在分工过细的现象，这些分工之间会产生部门墙、团队墙、岗位墙，它们都是效率低下的源头。所以，企业需要在某些领域进行专业"合工"，由一个任职者一站到底。"合工"主要存在于两个空间：其一是业务量不够饱和的分工领域；其二是时间窗口很小的战略性领域，短期内用这种方式（如成立项目小组）打破部门墙是有效的。

2. 简化业务流程

流程再造的思路源自对亚当·斯密式分工的批评，认为这种分工将企业的任务不断拆分，生成了许多低价值的环节，为了流程而工作，反而失去了价值焦点。其具体方法有去除低价值环节、合并工作、设置责任人、给予员工决策权等。

其核心主张有两个：一是基于最终需要达成的客户价值来设计

流程，组织资源，这样就减少了投入的浪费；二是通过授予流程节点至高无上、清晰的权力，减少原本部门分工和层级授权之间协调的成本。这些努力显然能够有效提升人力资源效能。

仅由业务部门推动的流程再造多半会以失败告终，这类工作需要HR介入。

一是业务部门需要HR来驱动流程。换句话说，"流程是跑道，编制和激励是燃料"，要让流程运转起来，在流程的每一个节点必须有编制和激励的注入。这些本来就是HR最擅长的，足以让他们赢得业务部门的信任。

二是流程再造需要HR来评估。流程是否得到改进应该以人力资源效能来定义，换句话说，好的流程应该将人的作用发挥到极致。业务部门虽然直接产生业务流数据（展现人效的分子部分），但他们根本无法直接处理这些数据，更无法将这些业务流数据与人力流数据（展现人效的分母部分）进行联动分析。这又是HR的特长，他们能够提炼出绩效中的有效指标，并且找到衡量该项业务上人力投入的有效指标，形成窄口径人力资源效能指标。

另外重要的一点是，为了实现以上两点，业务部门也需要HRBP身后的人力资源专业平台。笔者辅导过一个运输企业，它的主要业务部门雄心勃勃独立进行流程再造，但当他们启动这项工程后却发现，对于新流程上的员工，他们根本无法提取有效数据进行绩效考核，有的是因为数据处理成本很高，有的是因为数据的出口不在本部门。于是，他们只能向人力资源部门的EHR平台求助，要求下派HR专家进行支持，最终在与人力资源部的协作之下成功实施了流程再造。

这个方向可能需要特别谨慎。一来，流程往往是牵一发而动全身，再造需要和组织结构调整配合，这是一个需要提前规划的系统工程。否则流程变了组织没变，相当于"大人穿小衣服"，结果可想而知。二来，流程再造必然会重组业务流，初期会在一定程度上造成效率下降，而后缓慢爬坡，直到穿越了拐点，才会有井喷式的快速提升。这两类代价不是任何企业都能够承受的，尤其是在企业发展的寒冬时期。

3. 岗位排班优化

排班优化是基于对现有组织结构和业务流程的认可，通过在这一框架内进行人员上岗时间的合理调配，达到用尽量少的人完成尽量多的工作的效果。具体应用上，首先测算出某一岗位（以时间为横轴）的人员需求曲线，而后再以运筹学方法进行线性规划，设计出人员供给曲线，确保人尽其用。

以图 6-3 为例进行说明。假设一天工作时间为 18 小时，需求最大人数为 60 人，在不同排班方式下，需配置的人工工时分别为 1080 小时（完全刚性）、904 小时（半弹性）和 771 小时（完全弹性）。优化排班对于人员编制的结余清晰可见，效果立竿见影。当然，极致弹性[一]的排班方式会带来较重的管理负担，对于企业的管理基础有较高要求，同时也可能造成过重的劳动负荷，有"压榨"员工之嫌。

[一] 此时，人员需求曲线与人员供给曲线重合。

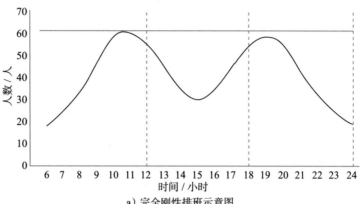

a）完全刚性排班示意图

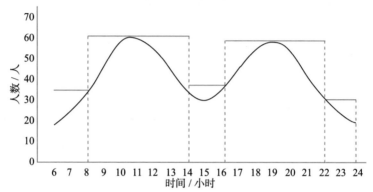

b）半弹性排班示意图

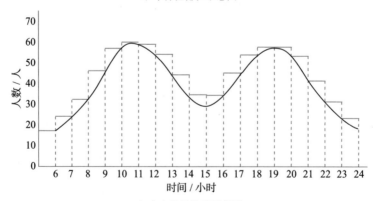

c）完全弹性排班示意图

图 6-3　三种不同的排班模式效果对比

注：黑色曲线代表人员需求曲线，彩色线代表人员供给曲线。
资料来源：穆胜企业管理咨询事务所。

合理的排班优化更加科学地调配员工的劳动负荷，达到了两种效果：其一，减少了在岗等待时间，挤出了岗位人员冗余，减少了人工成本；其二，合理设置劳动饱和度（劳动饱和度＝实际工作时间／在岗时间），合理搭配工作和休息时间，减少工作中的倦怠，使工作效率一直保持较高水平。这两者都直接提高了人力资源效能。

对于拥有大型生产系统的企业，排班优化的作用尤其明显。这类企业的生产流程相对固定，通过排班优化能够释放出更多的效能潜力。遗憾的是，大多数此类企业在遇到生产负荷的问题时，首先想到的并不是排班优化。

笔者曾经调研过的一个企业，在产能急剧上升时，由于人工成本的限制，无法及时补充足够的人员，造成了员工工作负荷过重，生产运行极度不稳定。于是，该企业引入了员工援助计划（EAP），在开展了一系列心理辅导和周边支持活动后，员工的心理负担并未减轻。一位员工在接受访谈时说："任你花活儿再多，我的问题没有解决嘛，我还是这么累！"于是，人力资源部的管理创新也被认为是华而不实。在笔者的建议下，该企业进行了排班优化。结果，员工被高效利用，虽然平均在岗时间降低了12%，但平均实际工作时间反而增加了3%，完成的工作量增加了5%，人力资源效能（劳动生产率）提升9.5%。最奇妙的是，居然有86%的员工认为自己的工作量减少了。

4."时间差"里的策略

有人也许会问，不是所有的企业都存在往这个方向上进行精简的空间吧？以笔者的观察来看，绝大多数企业在组织构型上都有冗余，House 的"屋顶"都有减负的空间。

为什么呢？这是企业发展的必然规律：一定规模的企业都会把对组织结构、岗位设计或人员配置的关注调整到业务规模的前面，道理很简单，没有机构、没有岗位、没有人员就没法做事。⊖但是，业务规模却一定不会随着组织结构、岗位设计或人员规模的调整而同步到位。这中间的"时间差"就是官僚主义的温床。换句话说，为了适应即将增大的业务规模，为了实现更加专业化的运作，企业有理由提前设计更多的部门、更多的层级、更细的岗位，并配置更多的人员，但这却在一个"时间差"里造成了"人多事少"，必然带来官僚主义。

当这一切发生之后，企业通常会进入一个误区，即将组织设计上的惰性视为"磨合期"，而懒于行动。它们一步到位地设计"完美的金字塔"，却留出了巨大的"时间差"，让官僚主义疯狂滋长。结果，一"磨合"就浪费了若干年时间。寒冬可不等人，企业经营者可能要更坚决。

企业应该有这样的坚持：一方面，不能放出太多的"时间差"，对于组织设计要用"小版本快速迭代"的方式推进；另一方面，对于磨合期也要有明确的要求，规定时间、规定资源，用笔者提到的MVT（minimum viable team，最小可行团队）的方式来验证，用结果说话。

从长远来看，企业还是要成为平台型组织（platform-based

⊖ 相对来说，将业务流程调整到业务规模前面的企业还较少。

organization）㊀。这是最精简的组织模式，组织内的各个功能模块通过协同机制实现连接，每个功能模块都是"共用件"，大量复用。所以，平台型组织的人效一定是最高的，每个人都释放了潜能，也带动组织（内的资源）释放了潜能，发挥了最大的价值。但需要说明的是，这就不仅仅是组织构型调整的问题，还涉及激励机制的设计，甚至涉及员工素质的重构。这会让问题变得更加复杂，同样不是寒冬里的企业都能承受的。

清理人效异常洼地

大多数企业只看部门的KPI，而且对于KPI还定义不清，这也是极其错误的。因为在这样的情况下，部门一定有动机为了达成目标无限索要资源，而且想要做大地盘也是人性使然。企业经营者和人力、财务部门可以挡，但肯定挡不住，因为他们有一百万个理由说明前线的困难。而且，他们还会说"先有投入，后有产出"，让你无言以对。

有的时候，一个部门完美达成KPI，是动用了无数资源的结果，这不仅会引发对内部公平性的质疑，在投产比上也是极其不合理的。尤其是，有些企业的中后台由于产出模糊，效能难以计算，这就成了资源投入的黑洞（资源有去无回）。

㊀ 关于平台型组织，详见拙著《平台型组织：释放组织与个体的潜能》《激发潜能：平台型组织的人力资源顶层设计》《释放潜能：平台型组织的进化路线图》。

以前，尽管我们一再大声疾呼"人力资源效能"很重要，但是不少盈利性较强的企业就是不看重人工成本和相关周边的"小小支出"。有人甚至振振有词：不花大价钱重仓人才，怎么可能有大回报？"先有人再有业务，先有规模再有利润"似乎也是应有之义。表面来看，这种逻辑无比正确，实际上，这种逻辑却是被滥用了。秉持这种言论的企业经营者，是在用重仓人才的情怀掩饰自己在管理上的浅薄思考。

在这种无人效标准或人效标准模糊的背景下，部门之间只会主张彼此"分工不同，没有高低贵贱之分"，而一旦我们确立了明确的人效标准，就会发现若干"人效洼地"，它们一直占用大量资源，产出有限成果。也就是说，公司在它们身上做的生意是不划算的，而它们就是人力资源效能提升的巨大空间。

往这个方向上挖掘人效红利，可以采用以下步骤。

1. 设置人效指标

首先，将效能分级分类进行盘点，下沉核算到每个组织单元。所谓分级是按管理层级来分解；所谓分类是指按利润中心、成本中心、费用中心划分，甚至按照不同的专业条线来分解，如研发、生产、销售等。要清楚的是，一刀切的人效计量方式并不科学，不同组织单元的人效指标是不同的，人效目标值也不同（见图6-4）。

投入的衡量标尺是人数和人工成本，关键的问题是如何衡量产出。

第六章 人力资源效能红利：挖掘五大空间　211

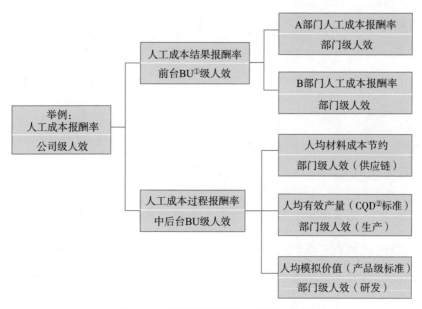

图6-4　各类组织单元的人效指标举例

① business unit，业务单元。
② 成本（cost）、质量（quality）、交货期（delivery）。
资料来源：穆胜企业管理咨询事务所。

⊙ 利润中心——即前台，直接产生经济效益，核定产出的方式与核定公司绩效的方式如出一辙。对于大多数业务来说，应该核算利润，但考虑到业务处于不同发展阶段，有不同的战略地位，某些业务也应该考核GMV（成交额）、营收、毛利等指标。

⊙ 成本中心——即业务中台，不直接产生经济收益，却可以形成对经济收益有巨大影响的过程绩效，例如，将"自己建设的资源模块被有效调用了多少次"作为过程绩效产出，给定"每次"一个单位价值，以核算出模拟价值。

⊙ 费用中心——即后台（俗称"职能部门"），它们虽然不产生结果绩效和过程绩效,却为企业的持续发展奠定了基础,所以应该按照利润中心和成本中心的运作效率折算,例如,将利润中心赚取利润的15%算作费用中心的产出。当然,具体定什么比例,应该经过相对严谨的计算,确保能够服众。

2. 设置目标值

确定了人效指标,就需要有一个合理的目标值。一般来说,企业的人效应该做到"两低于":一方面,人数增长率低于产量、销量增长率;另一方面,人工成本增长率低于营收、利润增长率。当然,这只是一个最基础的标准,在此基础上,还应该具体推演每个组织单元的人效目标值。合理的目标值能够牵引组织单元"跳起来摘桃子",反之,不合理的目标值则导致组织单元只有破坏队伍基础(如不合理的减人、降薪等)来强行达标。

一般来说,有如下几种方式确定人效目标值⊖。

- ⊙ 标杆基准法——要么寻找外部标杆,要么寻找内部同类组织单元的标杆,要么寻找本组织单元在过去一段时间内的标杆表现。
- ⊙ 目标逆推法——将公司的业绩目标分解到每类组织单元上,再根据编制分布,推导各类组织单元应该达到的人效标准。总之,要确保各个组织单元的人效表现能够支撑公司业绩目标的达成。
- ⊙ 趋势外推法——根据组织单元的历史表现以及发展趋势确定一个合

⊖ 与人力资源效能仪表盘上设置目标值的几种方法类似。

理的人效目标。这种方式适合规模效应正在体现、人效逐步走高的企业。

⊙ 博弈法——专业点儿叫博弈法，通俗点儿叫"菜市场议价法"。对于没有标准的企业，只能如此，议了总比放任自流好。

将各个组织单元的人效表现与人效目标值做个除法，就可以得出能够横向比较的"人效达标率"。基于人效达标率，可以形成一个"地形图"（见图6-5），达标率超过1的形成"山峰"，达标率低于1的形成"洼地"。这种逻辑下，"山峰"的高度和"洼地"的深度也一目了然。

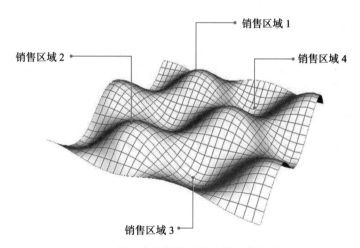

图6-5　某企业各销售区域人效分布地形图

资料来源：穆胜企业管理咨询事务所。

3. 干预人效洼地

基于组织单元的不同属性，对于人效洼地进行干预的方式有以下两种。

一是人效包干。对于三权（财务权、人事权、决策权）下沉的部门，应该将人效标准下沉到每个组织单元，它们的产出决定了自己编制和人工成本的空间。达到效能标准的，按照人数和人工成本的节约程度予以奖励；未能达到效能标准的，超编部分和超额人工成本部分应该在下一年度直接扣减，即缩编和缩减预算包。

二是精准核编。对于不具备三权的部门，它们之所以形成人效洼地，更多是因为没有控制好编制，此时，HR应该主动核编。但这又容易掉入陷阱，因为索要编制的部门永远都有信息优势，它们可以找出无数理由。有时候，某些理由是骗局，是部门领导为了增加自己势力范围的借口；但有时候，某些理由还确有其事，真是为了合理的人才储备或业务发展。

此时应从两个方面入手：宏观上，建立一个组织单元编制之间的固定比例关系，如前台和中后台人员的比例关系、中层与基层管理者之间的比例关系等，可以控制住总数；微观上，锁定各组织单元内编制受业务影响最大的"敏感岗位"，基于人效标准建立业务量与编制数的联动公式，这剔除了非真实的增长要素，形成"动态核编"的效果（最节约）。另外，对于其他的"非敏感岗位"，应该拉长核编周期，以时间换空间。

对于大多数企业来说，两种方法是一前一后的关系：在某些组织单元实施人效包干后，它们自然会对编制和人工成本异常敏感，自然需要人力资源部进行赋能。此时，就可以引入精准核编的一套方法。

若非如此，再科学的方法也只会被认为是冒犯了部门的"领土"，从而被强烈抵制。

4. 清理人效洼地

当然，对于"人效洼地"应该分类看待：某些组织单元常年低人效，应该坚决清理；而另一些组织单元则处于试错阶段，是战略级的尝试，应该在一定时间内容忍一定程度上低人效。但后一类试错型项目的范畴应该严格限制，非"战略级"的尝试要果断放弃。其实，这些业务在过去就该放弃，只不过寒冬会帮企业经营者下了这个决心而已。

对于低人效组织单元的负责人，他们一定会反复强调自己的部门是"战略级"的。事实上，在他们的眼中，规模永远重于效率，因为规模代表他们的地盘、预算包、编制包……他们甚至会反复主张效率即将出现爬升。前两年，在万科实施跟投制度后，一个省级公司的高管曾经向笔者埋怨这种制度严格控制了效率，导致他们不敢拿"大地块"，而当笔者就这个观点向万科高级副总裁谭华杰进行验证时，他回答："这就是我们公司导向的呀，公司要求效率，宁愿看到他们快进快出。"说白了，组织单元的负责人始终担心自己的地盘小了，追求规模是他们的执念。只有人效这把利刀能切割掉这种执念，让他们对人员进行重新配置。

人效不仅是割除管理人员执念的利刀，也是割除企业经营者执念的利刀。大多数企业经营者在战略上缺乏清晰的聚焦思路，又害怕错过每一个机会，四面出击是常态。但以人效为标准，就锁定了人力资源，一定程度上也锁定了其他资源，最终锁定了企业经营者的战略选择。这给出一个强烈的暗示：人效是既定的客观规律，很难无限超越（例如，行业标杆值是多少），如果不能无限增加人力资源的投入，就不能覆盖无限的战略领域。而企业可以投入的人力资源显然是有限的，这就倒逼企业经营者进行战略聚焦。

寒冬之下，企业需要的规模是"有效规模"，需要的姿势是"精实增长"。

执行低效人员汰换

一旦发现了"人效洼地"并决定缩编或缩减人工成本，就必然面临人员汰换的问题。一个组织单元里，高中低绩效员工的分布比例总是会呈现一定的规律性，所以，才有杰克·韦尔奇用活力曲线来淘汰10%尾部员工的做法。我们要有决心淘汰尾部员工，也要相信这种汰换伤不到业务的筋骨。可以预判到的是，这类做法一定会招致业务单元负责人的强烈反对，但这并不代表这类做法是错误的。如果企业经营者没有壮士断腕的勇气，业务单元的负责人就始终有"惰性"，宁愿用一个不那么优秀的人，也不愿意去折腾"汰换"。

从结果上看，需要执行缩编或缩减人工成本的业务单元都是人效较差的，而人效优异的业务单元则相应获得了豁免权，于情于理上都是站得住脚的。毕竟，不能让优秀的团队强行淘汰。

往这个方向上挖掘人效红利，可以采用以下步骤。

1. 划池子

划池子即在何种范围内对员工进行评级。员工处于不同工种、不同层级，如何拉通进行统一的评级呢？最好的方式是按照岗位序列（如技术序列、运营序列）和一定的职级范畴（如将两三个职级以内归入一个范畴），确定一个人员评估的池子，而后再进行人员分级。

区分工种的意义在于，让同一赛道的员工竞技，具有可比性，淘汰之后的缺编岗位也可以进行内部调剂。区分职级的意义在于，一般企业的评价体系中，由于评价权在团队一把手，其当然更倾向于对身边的人给出高评价。所以，这种评价体系天然对管理者具有保护的倾向，如果不加任何规则干预，最后的评价结果一定是管理者相对于基层员工获得更好的评价。言下之意，这个团队的领导是没有问题的，问题都在执行层面，这显然是有违常理的。

2. 选标准

选标准即运用何种指标来对员工进行评价。根据前文提到的 House 模型，员工的评价标准有三类（见图 6-6）。

图 6-6　评价员工的三类标准

资料来源：穆胜企业管理咨询事务所。

- 关注输入——这是重仓精英的做法，Netflix 这类的企业就是类似的倾向，它们宣称"只招聘成年人"，因为成年人知道该怎样工作。
- 关注过程——这类企业强控流程，认为流程大于一切，甚至大于结果。极端点说："按照流程做，错了也是对的，不按照流程做，对了也是错的。"对于强调规模处理业务、追求稳定性的企业，这样的标准非常合理。
- 关注输出——这类企业强调结果优先，强调"永远向有结果的人学习，因为结果不会撒谎"。

当然，这里会反向拷问企业 House 里的"地基"，即素质、岗位、绩效三大评估系统。如前文所言，如果这三大系统缺位，企业就根本说不清楚"谁该留，谁该走"的问题。事实上，直到这个时候，企业经营者才会发现人力资源基础建设是多么重要。

大多数企业的问题不在于人才评价技巧，而在于缺乏自己坚定的人才理念。正因为如此，其人才评价标准才一直在变，这也让员工有诸多疑惑。这在很大程度上不是 HR 的问题，而是企业在业务战略（战略内核）和组织价值观（价值理念）上的飘摇导致了人力资源战略上的飘摇，说到底，是企业经营者没有想清楚自己到底要什么。

3. 做分类

企业有了关于人才的持续标准，就可以建立人才的分类。

一个极端是，用绩效标准"一刀切"。（偏结果的）绩效显然是最主要的考虑因素，"以结果论英雄"也是有公信力的。但问题在于，大量企业的绩效评估系统并没有那么可靠，且可能相对片面。此时，如果按照绩效"一刀切"，结果自然就会出现"错杀"。况且，这也剥夺了上级领导的评价权，会导致人力资源部受到极大的质疑。

另一个极端是，直接把汰换权交给上级领导，美其名曰"授权"。这会直接导致上级领导"护犊子"，以各种理由抵制汰换，拒绝执行。话说回来，这也是人性使然——"我的兵我的将，不护着，以后谁还跟着我？"所以，这不怪他们"有私心"，要怪企业在无意义地考验人性。进一步看，就算上级领导想要执行汰换，却没有任何可以参照的标准，也会导致所有的质疑直接涌向他们，这也是不合理的。

所有领导最希望获得的政策是"一硬一软"：一是有绩效这类"硬标准"进行参照，转移压力；二是有能力、价值观等"软标准"可以调节，实现控制。我们不能奢望这两个标准极度精确，但两者叠加，就有1+1＞2的效果。它们犹如两台净化器，让企业的管理人员始终处于水准之上，这就极大程度地保障了人效输出。

大多数企业会将两者建立一个二维矩阵，并进行人才分类。图6-7是阿里的人才分类二维矩阵。

4. 做汰换

针对不同类型的人才，企业应该有明确对应的人力资源政策。对"双高人员"（如阿里的明星员工类）进行重用和对"双低人员"（如阿里的狗类）进行淘汰是每个企业都会遵循的准则，关键在于对"单高人员"的处理。阿里坚决淘汰业绩好但价值观不匹配的野狗类员工，京东对于价值观匹配但业绩差的兔子类员工也不容忍，这是因为这类互联网大企业人才济济，经得起这样的汰换。但对于大多数企业来说，对于野狗类员工可能要进行"限制性使用"，将其发展为"内包商"，而对兔子类员工可能要进行"压力测试"，测试出真实水平再决定汰换还是培养。

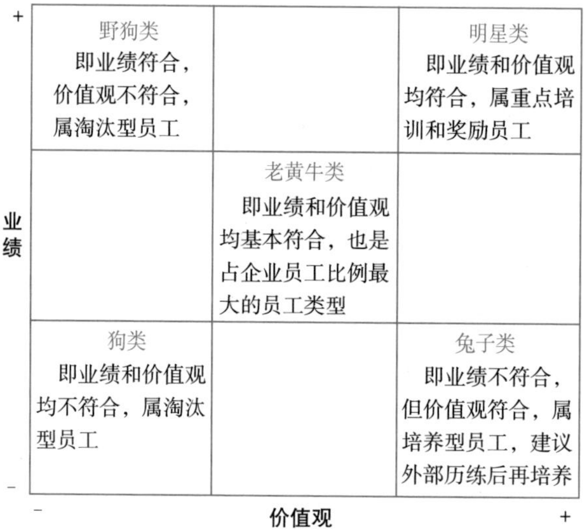

野狗类 即业绩符合， 价值观不符合， 属淘汰型员工		明星类 即业绩和价值观 均符合，属重点培 训和奖励员工
	老黄牛类 即业绩和价值观 均基本符合，也是 占企业员工比例最 大的员工类型	
狗类 即业绩和价值观 均不符合，属淘汰 型员工		兔子类 即业绩不符合， 但价值观符合，属 培养型员工，建议 外部历练后再培养

图 6-7 阿里的人才分类二维矩阵

资料来源：穆胜企业管理咨询事务所。

最关键的战略要地是老黄牛类员工。这类员工在企业内比例最大，很大程度决定了企业的基本面。对于这类人员，应该进行岗位履职过程评估，例如，销售人员究竟有没有把电话陌拜、跟访等动作执行到位，这是可以评估的。

这里考验的是企业的管理基础，大量企业并没有清晰地解构管理，而是希望员工进入工作岗位后用自己的主动性来定义工作，美其名曰"打破金字塔组织",实际上这是在管理上偷懒的表现。清晰地定义工作和让员工发挥创造性是两件事,前者是起跑线,应该是确定的,后者是冲刺线,可以去争取。说到底,企业应该清晰地定义工作,让老黄牛类员工能够发挥螺丝钉的作用,确保这条底线。如此一来,老黄牛类员工的履职行为就可以被评价,不合格的,就应该被汰换。

"硬标准"评价以事实为准,对业绩、履职过程的评价都是沿着这个方向;"软标准"评价以员工行为为准,对价值观、素质等的评价都是沿着这个方向,应由 HRBP 代表组织与直接上级一起进行。此时,双方共同对员工的行为等级进行界定,避免了立场冲突,比较公平。并且,上级的上级也应该参与其中,对评价中的异常情况(超高得分、超低得分、重点人员等)进行监控。

5. 找空间

需要提醒的是,对于人工成本和人员编制,更大的缩减空间在中层。

查尔斯·汉迪说,中层是"被烤熟的鸭",最容易成为隔热层。而流程再造的开创者哈默尔和钱皮则认为,如果实施流程再造,会发现中层中有不少是不能产生任何价值的"外围员工"。说穿了,高层各管一个领域,高频处理复杂工作,基层员工都被分到了业务上,两类人"行不行"都很明显,但中层则是最容易产生"南郭先生"的地方。

大多时候,"绩效好不好,还得看领导"。把"绩效"换成"效能"这个词,同样适用。我们要相信,效能一直不好,就说明管理人员在自己的组织单元里没有经营的思路。如果在企业进行了若干带教、帮扶后依然没有改观,再给机会也是徒劳。

此时,企业浪费的不只是一个管理人员的职位,还有他管辖范畴内的所有资源投入,更有被"带垮"的人才队伍(士气涣散,能力没有提升),以及错过市场红利的机会成本……其实,对于管理人员队伍的建设,企业可以更坚决一点。

好企业在这方面都很坚定。华为提出:"……坚决对高级管理干部进行末位淘汰,改变过去刑不上士大夫的做法;对13级以上的'奋斗者',实行相对考核,特别是担任行政管理事务的人,要坚定不移地实行末位淘汰制……"

另外,在人才队伍里,不仅要淘汰,还需要做置换。在防守时(紧缩队伍)还有进攻,回马一枪,才是高手的姿势。寒冬时,其他企业的编制缩紧,人才市场上自由流动的"大鱼"更多了,正是调整人才结构、低位建仓的大好机会。

调整刚性薪酬结构

某种程度上,上述方案都会让头部人员承担更大的工作量,此时,一定要对薪酬模式有所调整,这样才能体现公平性。但这种调整不能落地到直接给这类人员高固薪,这又会是一场灾难。

其实，企业人效控制不住的另一个重要原因是薪酬发得太"豪放"。不少企业已经发展得比较大了，有几十亿元甚至几百亿元的营收规模，但它们的薪酬还是发放不清楚。有的企业连岗位工资和绩效工资都分不开，有的企业绩效工资和奖金是混在一起的……企业经营者完全不在意，他们的眼中没有薪酬分单元的概念。他们也从来不愿意与HR讨论薪酬单元，在他们的眼中，这都是技术细节，不值得他们关注。多解释两句，他们还会觉得HR迂腐，设计得太过复杂。在这种豪放下，企业经营者还有一种趋势，即为了留住或吸引人才，将更多的薪酬单元变成了固薪，一味保障，导致企业定期有大量刚性支出。

坦白来说，对于金字塔组织里的激励设计，笔者并不主张让中基层员工承担经营风险，这种组织里把钱"发实在"更重要。但这种"实在"并不意味着发放固定薪酬。绩效没有联动KPI，奖金没有联动KPI和企业整体经营效益，其结果就是没有人对企业的前途上心。再平庸的、没有产出的员工，也可以理直气壮地向老板索要所谓"全额工资"。稍有不满意，还会用道德绑架老板"不担当、黑心、甩锅"。想来，这不是人力资源专业的基本功不够，自己给自己挖的坑吗？这背后的原罪又属于谁呢？

往这个方向上挖掘人效红利，可以采用以下步骤。

1. 调整固浮比

调整固浮比，是让更多的薪酬浮动部分和市场业绩联动。一般来说，将企业里的各层级平均下来，薪酬的固浮比应该是 6:4 左右，但其实这只是"名义固浮比"。

不妨算一笔账。按理说，40% 的浮动薪是通过绩效考核来核算发放的，而百分制的绩效打分可以从 0 分打到 100 分，但实际并非如此。根据穆胜事务所发布的《2020 中国企业人力资源效能研究报告》，样本企业的平均激励真实指数在 5% 以下，即绩效得分的变动部分还不到总分的 5%。也就是说，绩效考核里的打分都集中在了一个"很有默契的区间"内，一般来说，下不了 60 分，高不过 70 分。员工薪酬中仅有 40% 是浮动薪，这 40% 中仅有 5% 在真实浮动，整个薪酬中的实际浮动范围就仅仅是 40%×5%=2%。看到了吗？大量企业有 98% 的薪酬都是固定发放出去的。

企业当然应该收缩人工成本的固定部分。请注意，这不是主张要为员工降薪，而是主张消解固定薪酬的部分，而将浮动薪酬的部分"报复性拉高"。这样就能让那些真正创造出市场业绩的人获得更大的好处，这也应该是企业的导向。

2. 明确 KPI

调整了薪酬的固浮比后，应该把增加的浮动部分真正用到激励"战略性输出"上。这意味着，我们要明确各组织单元的 KPI。注意，是关键（K）的绩效指标（PI），而不仅仅是绩效指标（PI）。

前面提到过，对利润中心的考核相对明确，但也要根据每类业务的发展阶段来确定 KPI。对成本中心和费用中心的考核几乎是个"千古难题"。

对于成本中心，核算其运作资源的效能，基于效能发放浮动薪酬。举例来说，采购部门应该核算"性价比"，研发部门应该核算通过节点（gate）的时间和效果，生产部门应该核算"出成率"……

对于费用中心（即后台职能部门），将其分为两类部门：一类是基础保障部门，这类部门只要控制其规模就可以减少支出，或者也可以锁死一个薪酬包，他们会自动减少人员编制；另一类是人力、财务等掌控大资源的部门，一定要将其浮动薪酬与大效能相联动。当然，这必然会为这类部门带来压力，但问问现在的企业，有几个想明白的企业不让人力资源部门对人效负责？

当想要往这个方向走时，企业就会再次发现自己的绩效评估系统（人力资源House的地基）如此脆弱，员工的贡献根本无法衡量。此时，千万要防止病急乱投医，盲目引入阿米巴式的内部上下游核算，这只会形成另一种内部博弈，因为上下游之间永远不可能把账算清楚。

除了部门层面的KPI确认，还要继续向下分解，量化出个人的产出。此时，用OKR等简洁方式是相对有效的。分析OKR这一工具就会发现，它就是主动式的目标管理（MBO），并没有太多的管理创新。但这一工具的流行对于推进绩效管理却是个利好，借用这种风潮，我们可以尝试往员工个人层面量化绩效。

3. 跟进激励包

划出了一大块浮动薪，量化了组织单元和个人层面的KPI，我们就可以实行一种模拟市场机制的"平台化激励",让员工成为自己的 CEO。

这种激励机制一般针对有明确经济收益的项目团队以及提供直接支持的组织单元,在设计上有三个要素,即笔者提出的"激励三线"。

一是分红起算线。企业经营者都愿意分增量,而不愿意分存量。道理很简单,存量部分已经用工资覆盖了,凭什么要多拿出来分?但如果员工能够制造出增量,即使企业经营者在增量中多出让一些比例给员工,最终的结果还是自己的蛋糕变大了。这条线界定增量的起算线,增量也叫"超利"。

二是分红封顶线。超利的计算应该没有上限吗?有时是的,这个部分是员工和企业一起做出来的;但有时也不是,这个部分应该封顶,封顶之上的部分更可能是一种客观推动的自然增长。例如,有的员工开发了大客,而大客后续的买单却不是由员工推动的,而是由大客的经营情况决定的。有时,大客接了一个国际订单,可能就会向企业增加采购。如果让员工经历这种"躺赢",那就显然不公平。这条线就是为了计量哪些是员工形成的增量,哪些是其他因素形成的增量,不一定精准,但一般来说必须要有这样一条线。

三是分红比例线。对于超利,究竟应该给员工分享多少?应该是统一的比例,还是分业绩段设置"跳点"?应该做提成加速(比例线上行)还是减速(比例线下行)?这些都决定了激励机制的吸引力与公平性。

把握住三条线,这种平台化激励机制的设计就不会出大问题,反之，缺了任何一条线，这个激励机制就必然存在极大风险，反映的是设计者没有搞懂这种"游戏"。

当然，这类"平台化激励"应该针对关键价值创造的角色，其余一般岗位上的螺丝钉式员工，还是用传统的绩效考核模式。对于后一类激励，这里就不赘述了。另外，要获得这类激励，还必须要用一定程度的对赌或跟投投入获得超利分享的资格，显示与公司"共同劣后"。

提高人才培养效率

人才培养一向被认为是固本强基，是为企业的未来做准备，但这个观点过时了。好的人才培养体系绝对可以创造直接的竞争优势，差的人才培养体系则在很大程度上是组织能力的症结，也是人效低下的直接原因。

事实上，这方面是大多数企业的重灾区，某种程度上也是企业建立自己竞争优势的一个捷径。根据穆胜事务所发布的《2020中国企业人力资源效能研究报告》，按照"是否具有针对核心人才的长期培养项目""是否有严格的培养通关标准""是否使用素质模型来量化培养效果"等标准，提供专业赋能的企业在样本中不足3%。

优秀的人才培养体系应该具备五大要素，即讲师、课程、学员、项目设计、通关设计。简言之，就是通过人才培养"项目设计"和"通关设计"搭建平台，将"课程"和"讲师"这两类内容资源与"学员"这类培养对象连接起来，如图6-8所示。

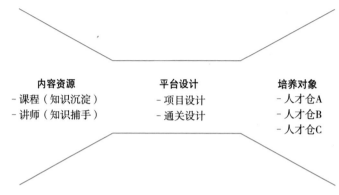

图6-8　人才培养体系解析

资料来源：穆胜企业管理咨询事务所。

1. 内容资源

好的人才培养体系需要持续迭代，以及源源不断的内容资源。这就需要企业进行知识管理，即将企业发展过程中的经验萃取为知识，这些知识包括制度、流程、使能器、模型、基线等。有这类习惯的企业更"聪明"，能够更快地学习，能够更快地把成本降下来（不同知识管理状态形成的竞争格局，如图6-9所示），将品质提上去。而这种习惯，也是培养人才最大的底气。

大量的企业都欠缺这种习惯，因此，它们在人才培养上永远慢人一步。这"一步"非常致命，直接导致了缺乏方法的员工盲目低效行动，而且，企业还得为这些行动买单。举例来说，一个企业的某业务负责人无能，没有健全SOP，导致服务水平低下，这就需要企业投入更多的人力资源和其他资源,以期补齐与竞争对手的差距,人效自然低下,迟早还得被人家击败。好多企业在被这个"时间差"耽误后依然不明所以,一句话"我们缺人才呀",就实现了完美甩锅。

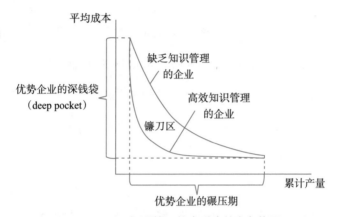

图 6-9　不同知识管理状态形成的竞争格局

资料来源:穆胜.激发潜能:平台型组织的人力资源顶层设计[M].北京:机械工业出版社,2019.

正确的方法是,一定要在公司层面养成知识管理的习惯,要以体系化的方式来推动这项工作。具体来说,HR 应该组建由企业内大 V(优秀人才)组成的讲师团队,推动这些大 V 成为"知识捕手",用框架方法推动他们快速上传自己所在领域的最佳实践,将其编码为可传播的知识,方便组织内的员工随需调用。

对于这类优秀人才,既要让他们"做",还要让他们"写"(编内容),更要让他们"说"(教学)。这类优秀人才一旦进入公司,就应该被知识管理体系卷入,自觉进行输出。说狠点儿,光是做事,做得再辛苦,再有业绩,也不算本事。如果一个管理人员或技术骨干在几年的时间里，没有沉淀下一些被人使用的知识体系，没有带教出几个接班人，要么是"有意"，要么是"无能"。表面上，他们是在鞠躬尽瘁，实际上，他们是在耽误公司。

其实，这不仅仅是培训领域的转型，面对高价从外部引入的领军人才和中坚人才，通过这种形式将其身上的知识萃取出来，沉淀为组织财富，不仅是验证其能力的方法，也是保护企业"人才投资"的手段。在这个方向上，做得到的企业只是凤毛麟角。过去，实力雄厚的企业大可大手大脚，现在好了，寒冬会帮它们下决心。

2. 培养对象

前面已经提醒过，千万不能妄想对人才队伍进行全面提升，企业应该有明确的人才建仓思路。确定思路后，还应该针对每类人才仓建立筛选和培养标准，这种标准具体表现为人才的素质模型。依然要强调的是，这些模型一定要基于企业的战略导向和人才理念进行定制。

这也意味着，对于每一类人才仓里的人才，都需要有对应的培养措施。这里，为了方便一般的理解，笔者把一个企业的"人才仓"分为三类。

第一类是"领军人才"，这类人才是各个战略领域的"大牛"，他们拥有卓越的能力和强大的意愿，他们回答"做什么，做得对不对"的问题。有他们在，就是能找到解决问题的方向，把事情做得不一样。某种程度上看，他们是绩效的根本驱动因素。这种人是可遇不可求的，培训对于这类人的作用是在"长波"范围内实现的。

第二类是"中坚人才"，这类人才是各个业务领域的中坚力量，他们拥有业务领域的专业能力，在价值观上也充分融入了企业，他们回答"做了还是没做"的问题。这类人才是支持企业业务运作的关键，他们将战略层面的构想在业务领域进行了落地执行。培训对于这类人的作用是在"中波"范围内实现的。

领军人才和中坚人才都是难以通过短期的培训来改变的。因为，长期的职场历练让他们形成了特有的思维模型，不是谁都能随意改变的。要想有改变，那么从培训的导入到他们行为模式的改变，就应该是一个漫长的过程。而且，越是高端的人才，越有此类特点，他们的思维模型越"坚固"，没有太大的塑造空间。对于这两类人才，能用就能用，不能用就不能用。所以，笔者不建议在寒冬期时，再大量进行此类人才的培训。

但在寒冬之下，倒是有更大的机会招入高端人才，所以，企业应该用"打猎"的心态伺机建仓。极端点儿说，针对领军人才，如果企业做好了准备，真的需要这类人才（好多企业连自己需要什么都没有想清楚），应该用"疯狂的姿势"抢夺人才，见一个，抢一个。而对于中坚人才，则可以稳健一点，应该"掐尖"招入。

第三类是"工兵人才"，这类人才是企业内最微观的细胞，他们不承担管理职责，而是从事具体的业务，他们回答"做得好不好"的问题。这类人才可替代性强，但由于规模巨大且覆盖了基层，其整体水平却关系企业的运作效率。他们身上的知识和技能并不复杂，可以进行快速萃取、编码（coding）、复制。培训对这类人有作用，而且作用是"短波"范围内的。寒冬时期,强化此类培训是一个提升人效的有效手段。

3. 平台设计

夯实了内容资源,确定了培养对象,我们就需要搭建平台。HR能够提供和控制的最主要平台,就是培训项目。对于大多数企业来说,这最大程度上决定了人才培养的效率。我们也可以说,如果一个企业没有几个拿得出手的"人才培养王牌项目",那么其组织能力的延续是没有保障的。笔者建议,将培训项目分为以下三类,用以匹配不同的需求场景。

- 计划——短期存在,有明确的开始与结束,计划终止需达成目标。这种项目通常用在人才发展的一些特殊时期。例如,某企业针对目标校招高校的顶尖学子,打造了"优才计划",其目的在于前置性地用企业文化影响学子的就业选择,同时也进行一些上岗前的技能培训,在这一过程中也筛选人才。
- 营——人才池长期存在,课程持续迭代,有更加强烈的群体感。这类人才相对聚焦,而其培养通常又是体系化的,需要从不同维度进行打造。例如,某企业筛选出了即将进入管理岗位的高潜人才,定制开发了"青年将官培养营"。随着这群人才陆续进入管理岗位,"青年将官培养营"又升级为"骨干将官培养营",人员基本保持不变,但课程进行了升级。
- 课——课程长期存在,培训对象持续迭代,有更加强烈的内容导向。例如，某企业异常重视研发，并认为研发人员的提升重在打开视野，于是，专门开设了"技术前沿课程"，定期引入内外部"研发大神"来宣讲技术趋势。

"项目设计"是针对"事"的，说明项目什么时候可以启动，以什么方式进行，什么时候可以结案。它决定了内容资源能否以最合理的方式出现，以支持培养对象成长，重要性无须多言。但我们也要避免一种误区，即项目风风火火地启动，又风风火火地结束，但最后却并不能为企业留下几个人才。这是大量企业正在犯的错误，HR很坚持，企业经营者很尴尬。HR的坚持在于，如果不通过这种形式来增强存在感，本来就不受重视的人才培养工作更会被架空。企业经营者的尴尬在于，他们一定会出席这类项目的启动和结案仪式，因为没有人会否认人才培养的重要性，但他们却并不认为这些项目真正有价值，因为没有足够的证据表明这类项目真正培养了人才。其实，HR可能过于重视"项目设计"，而忽略了"通关设计"。

"通关设计"是针对"人"的，说明什么人可以入池，他们达到了什么样的标准（如学时累积、知识测试、行为达标等）后可以出池。显然，如果没有明确的通关设计，所有培训对象都会以随意的心态来参与项目。这一个环节特别重要，也很能甄别人才培养体系的成色。真正强大的人才培养体系，往往有多重标准，只有这些精心打磨的标准，才能合理地甄别人才的成长效果。有的企业还将通关设计延续到了"人才推送"的环节，即在人才在池之后，能无缝衔接，被配置到适合的新岗位。

最后不妨想象一下,如果企业在上述五个方向上发展到极致,会走向什么样的组织状态?

可能是这样的企业:没有过度分工,处处扁平化决策,流程极度简洁,组织构型精简到极致;每个组织单元都以人效为标准来决定资源投入,以"投入期"为理由来浪费资源的现象最大程度被清理;不符合人才标准的企业会被迅速挤出,失去混日子的生存空间;薪酬最大程度回归员工的价值贡献,实现了极度的市场化激励,体现能者多劳,劳者多分;依靠优秀的人才培养体系,打造出优质的人才供应链,源源不断地为各类组织单元输送优质人才。

上述五个方向,都可以认为是某种程度上的"平台化管理",而"平台化管理"的极致,就是"平台型组织"。这才是互联网时代人力资源专业的终极追求!

参考文献

[1] 穆胜.2020中国企业人力资源效能研究报告[R].青岛：穆胜企业管理咨询事务所人力资源效能研究中心，2020.
[2] 穆胜.平台型组织：释放组织与个体的潜能[M].北京：机械工业出版社，2020.
[3] 穆胜.创造高估值：打造价值型互联网商业模式[M].北京：机械工业出版社，2020.
[4] 穆胜.激发潜能：平台型组织的人力资源顶层设计[M].北京：机械工业出版社，2019.
[5] 穆胜.重塑海尔：可复制的组织进化路径[M].北京：人民邮电出版社，2018.
[6] 穆胜.释放潜能：平台型组织的进化路线图[M].北京：人民邮电出版社，2017.
[7] 穆胜.私董会2.0[M].北京：中国人民大学出版社，2016.
[8] 穆胜.云组织：互联网时代企业如何转型创客平台[M].北京：电子工业出版社，2015.
[9] 穆胜.人力资源管理新逻辑[M].北京：新华出版社，2015.
[10] 穆胜.叠加体验：用互联网思维设计商业模式[M].北京：机械工业出版社，2014.
[11] 戴维·尤里奇.变革的HR：从外到内的HR新模式[M].北京：中国电力出版社，2016.
[12] 黄卫伟.以客户为中心[M].北京：中信出版社，2016.
[13] 吴晓波，等.华为管理变革[M].北京：中信出版社，2015.
[14] 王钦.海尔新模式：互联网转型的行动路线图[M].北京：中信出版社，2015.
[15] 曹仰峰.海尔转型：人人都是CEO[M].北京：中信出版社，2014.
[16] 黄卫伟.以奋斗者为本[M].北京：中信出版社，2014.
[17] 余胜海.华为还能走多远[M].北京：中国友谊出版社，2013.
[18] 罗伯特·卡普兰，大卫·诺顿.平衡计分卡：化战略为行为[M].广州：广

州经济出版社, 2013.

[19] 田涛, 吴春波. 下一个倒下的会不会是华为 [M]. 北京: 中信出版社, 2012.
[20] 竹内弥高, 野中郁次郎. 知识创造的螺旋: 知识管理理论与案例研究 [M]. 北京: 知识产权出版社, 2012.
[21] Bill Curtis, William E Hefley, Sally A Miller. 人力资源成熟度模型（People CMM）: 人力资源管理框架 [M]. 仲田, 等译. 北京: 机械工业出版社, 2011.
[22] 刘慈欣. 三体Ⅲ: 死神永生 [M]. 重庆: 重庆出版社, 2010.
[23] 三矢裕, 谷武幸, 加护野忠男. 创造高收益的阿米巴模式 [M]. 上海: 东方出版社, 2010.
[24] 戴夫·乌尔里克, 韦恩·布罗克班克. 人力资源管理价值新主张 [M]. 吴雯芳, 译. 北京: 商务印书馆, 2008.
[25] 彭罗斯. 企业成长理论 [M]. 上海: 上海人民出版社, 2007.
[26] 野中郁次郎, 胜见明. 创新的本质: 日本名企最新知识管理案例 [M]. 北京: 水利水电出版社, 2006.
[27] 野中郁次郎, 竹内弥高. 创造知识的企业: 日美企业持续创新的动力 [M]. 北京: 水利水电出版社, 2006.
[28] 罗伯特·卡普兰, 大卫·诺顿. 战略地图: 化无形资产为有形成果 [M]. 刘俊勇, 孙薇, 译. 广州: 广东经济出版社, 2005.
[29] 马克 A 休斯理德, 布赖恩 E 贝克, 理查德 W 贝蒂. 员工记分卡: 为执行战略而进行人力资本管理 [M]. 北京: 商务印书馆, 2005.
[30] 王光远. 管理审计理论 [M]. 北京: 中国人民大学出版社, 1996.
[31] 穆胜. 导致企业死亡的几种"脆弱"和组织"反脆弱"之道 [J]. 中外管理, 2020（4）.
[32] 穆胜. 超级平台型组织: 企业如何变硅谷 [J]. 中欧商业评论, 2020（8）.
[33] 穆胜. 为什么大多数企业无法成为平台型组织？[J]. 中欧商业评论, 2020（1）.
[34] 穆胜. 每家企业都有难以估量的"潜能"[J]. 中外管理, 2019（8）.
[35] 穆胜. 警惕财务与 HR 效能的"双杀效应"[J]. 中欧商业评论, 2019（2）.
[36] 穆胜. 洞察互联网时代组织重构的本质 [J]. 商界评论, 2018（2）.
[37] 穆胜. "内部并联"破解激励难题 [J]. 中欧商业评论, 2017（5）.
[38] 穆胜. KPI 管理为何成了鸡肋？[J]. 中外管理, 2017（4）.
[39] 穆胜. 流程再造为何折戟？[J]. 中外管理, 2017（3）.
[40] 穆胜. 平台解救科层制？[J]. 中外管理, 2016（11）.
[41] 穆胜. 科层制已死？[J]. 中外管理, 2016（10）.
[42] 穆胜. 初创组织的 N 种可能: 转型创客平台 [J]. 中欧商业评论, 2016（3）.

[43]　穆胜. "人的重混"势不可挡[J]. 中欧商业评论，2016（2）.

[44]　穆胜. 互联时代人性是管理第一要素[J]. 中外管理，2016（03）.

[45]　穆胜. 人力资源数据化管理[J]. 中国商界，2015（07）.

[46]　穆胜. 从"家长领导力"到"平台领导力"[J]. 中外管理，2015（5）.

[47]　穆胜. 中国式领导路在何方？[J]. 中外管理，2015（5）.

[48]　穆胜. 只有"云组织"才能适应云时代[J]. 中外管理，2015（4）.

[49]　穆胜. "云化"的华为怎样炼成？[J]. 中外管理，2015（4）.

[50]　穆胜. 海尔：组织转型狂想曲[J]. 中欧商业评论，2015（4）.

[51]　穆胜. 倒逼出来的HR新职能[J]. 清华管理评论，2015（3）.

[52]　穆胜. 人力资源七大云趋势[J]. 商界评论，2015（3）.

[53]　穆胜. 破除"数据化人力资源管理"迷雾[J]. 中外管理，2015（3）.

[54]　穆胜. 飘向未来的"云"[J]. 中欧商业评论，2015（2）.

[55]　穆胜. 海尔：如何自杀重生[J]. 商界评论，2015（1）.

[56]　穆胜. 未来是创客平台的天下[J]. 中外管理，2015（1）.

[57]　穆胜. 定制你的人资"仪表盘"[J]. 商界评论，2014（12）.

[58]　穆胜. 人力资源管理数据化的陷阱[J]. 中外管理，2014（11）.

[59]　穆胜. 从"培养人"到"制造场"[J]. 中外管理，2014（10）.

[60]　穆胜. 超级后台：为云组织打造"超级员工"[J]. 中外管理，2014（9）.

[61]　穆胜. 大数据"绝缘"人力资源管理？[J]. 中外管理，2014（8）.

[62]　穆胜. HR需要"效能仪表盘"[J]. 中外管理，2014（7）.

[63]　穆胜. 去HR，还是"云转型"？[J]. 北大商业评论，2014（7）.

[64]　穆胜. 接受吧，残酷薪酬！[J]. 中外管理，2014（6）.

[65]　穆胜. 用"宗教"式管理改良中国式管理[J]. 北大商业评论，2014（5）.

[66]　穆胜. 绩效管理：潘多拉魔盒中的希望（四）[J]. 中外管理，2014（4）.

[67]　穆胜. 绩效管理："潘多拉魔盒"里有什么（三）[J]. 中外管理，2014（3）.

[68]　穆胜. 新效能型幸福企业[J]. 北大商业评论，2014（2）.

[69]　穆胜. 绩效管理：合上潘多拉魔盒（二）[J]. 中外管理，2014（1）.

[70]　穆胜. 绩效管理：打开潘多拉的魔盒（一）[J]. 中外管理，2013（11）.

[71]　穆胜. 被丢掉的效能钥匙[J]. 中外管理，2013（10）.

[72]　穆胜. HR将死？[J]. 中欧商业评论，2013（9）.

[73]　穆胜. 人力资源管理的"云范式"革命[J]. 中国人力资源开发，2013（15）.

[74]　穆胜. HR：做组织能力架构师[J]. 中外管理，2013（8）.

[75]　穆胜. 打散你的HR[J]. 商界评论，2013（7）.

[76]　穆胜. 欢迎来到企业剧场[J]. 商业评论，2013（4）.

[77]　穆胜. 捕获人力资源柔性需求[J]. 商界评论，2012（8）.

[78] 穆胜. 灵动的知识立方 [J]. 商界评论, 2012 (5).
[79] 穆胜. 人力资源"云转型"的三种可能 [J]. 中欧商业评论, 2011 (11).
[80] 穆胜. 我国国有企业绩效管理困境成因分析: 一个绩效管理项目的实地跟踪研究 [J]. 科研管理, 2011 (6).
[81] 穆胜, 等. 人力资源管理实践对组织绩效的作用机制框架模型 [J]. 预测, 2010 (1).
[82] 穆胜, 野中郁次郎. 组织永不会消失 [J]. 中欧商业评论, 2014 (12).
[83] 穆胜, 加里·哈默. 打破组织金字塔 [J]. 商界评论, 2016 (5).
[84] 穆胜, 张瑞敏. 寻找海尔的"第二曲线" [J]. 商界评论, 2017 (5).
[85] 穆胜, 张瑞敏. 忘记人性假设, 走向人单合一 [J]. 清华管理评论, 2017 (7).
[86] 穆胜, 张瑞敏. 好的商业模式是一场无限游戏 [J]. 商业评论, 2016 (8).
[87] 穆胜, 张瑞敏. 对话张瑞敏, 海尔组织转型五谈 [J]. 商界评论, 2016 (8).
[88] 陈春花, 彭剑锋, 穆胜. 组织能力: 时代推出的王牌 (上) [J]. 商界, 2020 (12).
[89] 陈春花, 彭剑锋, 穆胜. 组织能力: 时代推出的王牌 (下) [J]. 商界, 2021 (1).
[90] 陈春花, 彭剑锋, 穆胜. 时代的锋芒: 大变革与新起点 [J]. 商界, 2018 (2).
[91] 赵曙明, 彭剑锋, 陈春花, 穆胜, 等. 通往"幸福"的管理模式: 组织与人力资源转型圆桌论坛 [J]. 北大商业评论, 2015 (4).
[92] 赵曙明, 彭剑锋, 陈春花, 穆胜, 等. 走向无边界组织: 组织与人力资源转型圆桌论坛 [J]. 北大商业评论, 2014 (12).
[93] 拉姆·查兰. 是时候分拆人力资源部 [J]. 哈佛商业评论, 2014 (7).
[94] 戴夫·尤里奇. 不要分拆人力资源部 [J]. 哈佛商业评论, 2014 (10).
[95] 彭剑锋. 中国企业进入人力资源效能管理时代 [J]. 中国人力资源开发, 2013 (21): 6-13.
[96] 彭剑锋. 人力资源效能: HRM 的下一个转折点? [J]. 中国人力资源开发, 2013 (14): 58-73.
[97] 王晓东. 企业社会关联会计问题研究 [D]. 天津: 天津财经大学研究生部, 2007: 31-32.
[98] 周文成, 赵曙明. 人力资源管理系统: 改进企业人力资源管理效能的新途径 [J]. 南京邮电学院报 (社会科学版), 2004 (6): 11-15.
[99] Drucker F Peter. Management: Tasks, Responsibilities, and Practices [M]. New York: Harper & Row, 1973: 45-46.
[100] Oliver Schilke. Second-order Dynamic Capabilities: How Do They Matter? [J]. The Academy of Management Perspectives, 2014, 28(4): 368-380.

[101] Joseph J, Ocasio W. Architecture, Attention, and Adaptation in the Multibusiness Firm: General Electric from 1951~2001 [J]. Strategic Management, 2012, 33(6): 633-660.

[102] Garzarelli Giampaolo. The Organizational Approach of Capability Theory [J]. Review of Political Economy, 2008, 20(3): 443-453.

[103] Richard O C, Johnson N B. High Performance Work Practice and Human Resource Management Effectiveness: Substitutes or Complement? [J]. Journal of Business Strategies, 2004(2):133-148.

[104] Sidney Winter. Understanding Dynamic Capabilities [J]. Strategic Management Journal, 2003, 24(10):991-995.

[105] Richard O C, Johnson N B. Strategic Human Resource Management Effectiveness and Firm Performance [J]. The International Journal of Human Resource Management, 2001, 12 (2):299-310.

[106] Delery J E. Issues of Fit in Strategic Human Resource Management: Implications for Research [J]. Human Resource Management Review, 1998, 8(3):289-309.

[107] Cristian M Baleanu. Organization Architecture [J]. Strategic Change, 1997, 6(1): 17-28.

[108] Huselid M A, Jackson S E, Schuler R S. Technical and Strategic Human Resource Effectiveness as Determinants of Firm Performance [J]. Academy of Management Journal, 1997, 40 (1):171-188.

[109] Bill Curtis, William E Hefley, Sally Miller. People Capability Maturity Model [R]. Pittsburgh: Software Engineering Institute at Carnegie Mellon University, 1995.

[110] Walker J W, Bechet T P. Defining Effectiveness and Efficiency Measures in the Context of Human Resource Strategy [C]. Bottom Line Results from Strategic Human Resource Planning, 1991:235-245.

[111] Ulrich D. Assessing Human Resource Effectiveness: Stakeholder, Utility, and Relationship Approach [J]. Huamn Resource Planning, 1989, 12(4):301-315.

[112] Dahl Henry L Jr. Human Resource Cost and Benefit Analysis: New Power for Human Resource Approaches [J]. Human Resource Planning, 1988, 11(2):69-78.

[113] Richardson G. The Organization of Industry [J]. Economic Journal, 1972, 82 (327):883-896.

穆 胜 作 品

激发潜能：平台型组织的人力资源顶层设计

ISBN: 978-7-111-62864-4

创造高估值：打造价值型互联网商业模式

ISBN: 978-7-111-64263-3

平台型组织：释放个体与组织的潜能

ISBN: 978-7-111-66761-2

人力资源效能

ISBN: 978-7-111-67724-6

重构平台型组织

ISBN: 978-7-111-70288-7

最新版
"日本经营之圣"稻盛和夫经营学系列
任正非、张瑞敏、孙正义、俞敏洪、陈春花、杨国安 联袂推荐

序号	书号	书名	作者
1	9787111635574	干法	【日】稻盛和夫
2	9787111590095	干法（口袋版）	【日】稻盛和夫
3	9787111599531	干法（图解版）	【日】稻盛和夫
4	9787111498247	干法（精装）	【日】稻盛和夫
5	9787111470250	领导者的资质	【日】稻盛和夫
6	9787111634386	领导者的资质（口袋版）	【日】稻盛和夫
7	9787111502197	阿米巴经营（实战篇）	【日】森田直行
8	9787111489146	调动员工积极性的七个关键	【日】稻盛和夫
9	9787111546382	敬天爱人：从零开始的挑战	【日】稻盛和夫
10	9787111542964	匠人匠心：愚直的坚持	【日】稻盛和夫 山中伸弥
11	9787111572121	稻盛和夫谈经营：创造高收益与商业拓展	【日】稻盛和夫
12	9787111572138	稻盛和夫谈经营：人才培养与企业传承	【日】稻盛和夫
13	9787111590934	稻盛和夫经营学	【日】稻盛和夫
14	9787111631576	稻盛和夫经营学（口袋版）	【日】稻盛和夫
15	9787111596363	稻盛和夫哲学精要	【日】稻盛和夫
16	9787111593034	稻盛哲学为什么激励人：擅用脑科学，带出好团队	【日】岩崎一郎
17	9787111510215	拯救人类的哲学	【日】稻盛和夫 梅原猛
18	9787111642619	六项精进实践	【日】村田忠嗣
19	9787111616856	经营十二条实践	【日】村田忠嗣
20	9787111679622	会计七原则实践	【日】村田忠嗣
21	9787111666547	信任员工：用爱经营，构筑信赖的伙伴关系	【日】宫田博文
22	9787111639992	与万物共生：低碳社会的发展观	【日】稻盛和夫
23	9787111660767	与自然和谐：低碳社会的环境观	【日】稻盛和夫
24	9787111705710	稻盛和夫如是说	【日】稻盛和夫